KNAUR

Von Monika Bittl sind bereits folgende Titel erschienen:
Alleinerziehend mit Mann
Muttitasking
Der Brei und das Nichts
Ich hatte mich jünger in Erinnerung

Monika Bittl

Ich will so bleiben, wie ich war

Glücks-Push-up für die Frau ab 40

Besuchen Sie uns im Internet:
www.knaur.de

Originalausgabe Mai 2017
Knaur Taschenbuch
© 2017 Monika Bittl
© 2017 Knaur Verlag
Ein Imprint der Verlagsgruppe
Droemer Knaur GmbH & Co. KG, München
Alle Rechte vorbehalten. Das Werk darf – auch teilweise – nur mit
Genehmigung des Verlags wiedergegeben werden.
Redaktion: Heike Gronemeier
Covergestaltung: ZERO Werbeagentur, München
Coverabbildung: FinePic / shutterstock
Illustration im Innenteil: Parkheta / shutterstock
Satz: Adobe InDesign im Verlag
Druck und Bindung: CPI books GmbH, Leck
ISBN 978-3-426-78892-9

2 4 5 3 1

Inhalt

Vorwort	7
Der Ernst des Lebens	13
Das Ärgerliche am Ärger	16
Paar, 40+, schweigend am Esstisch	21
Auf den Hund gekommen	24
Vermisstenanzeige	30
Ja, nein, vielleicht	31
Götterdämmerung	36
Schokoladenkater	41
Jäger und Sammler	46
Biblisches Rätsel	52
Was du heute kannst besorgen, verschiebe lieber doch auf morgen	53
Warteschlangen und andere Schicksalsschläge	57
Je ne regrette rien	65
Kopfkino	68
Besser spät als nie	77
Voll das Opfer!	79
Bedienungsanleitung für Ehemänner über 50	85
Bedienungsanleitung für Ehefrauen über 50	89
Act your age	90
Philosophisches Glücksbotox	96
Machen Kinder glücklich?	99
Männer sind nie schwerkrank, außer sie haben Schnupfen	105
Mich wundert, dass ich fröhlich bin	114
Jeder Mensch kann Unglück lernen!	115

Smile or die	119
Als das Wünschen noch geholfen hat	123
Negatives Denken	126
Wettervorhersage für Miesepeter	131
Bleib nicht dir treu, sondern ihr	133
Halte jeden Tag ein Nickerchen	136
Das Leben ist ein Ventilator	138
Nörgelqueen	142
Romeo und Julia, later. Dramolett in drei Akten	146
Rein technisch gesehen	152
Unter uns Betschwestern	157
Vom Bruttonationalglück	160
Triffst du Gott im Treppenhaus …	164
Was Sie schon immer über ein glückliches Sexualleben im Alter wissen wollten …	170
Läuft. Mit Freundinnen	171
Bayerisches Mantra	175
Im Jammertal	180
Schmetterlinge im Ohr	187
Horoskop für Schwarzseher	191
Kleine Übersetzungshilfe	193
Verbieteritis	200
Die Qual der Wahl, die andere quält	204
Augen auf und durch!	215
All das kann ihr nicht passieren	218
Mein Leiden, mein Schicksal, mein Elend	220
Männliche Denker & weibliche Genießer	225
Interview mit dem Bildnis von Dorian Gray	227
Take it or leave it!	234
Hanlon's razor	237
Mein Kiwi	242
Warum haben Sie kein Taxi genommen?	245
Special: Plötzlich Bestsellerautorin	247

Vorwort

An einem schnöden Freitagmorgen hätte ich mich fast zu Tode erschrocken – aus dem Spiegel warf mir ein grauenhaftes Wesen verbitterte Blicke zu. Mein jüngeres Ich schrie auf: »Hilfe, was ist das denn für eine verbiesterte Alte?!« In Sekundenschnelle plante ich meinen ersten Mord und wollte schon ein großes Küchenmesser holen – da warf sich mein Über-Ich für mich in die Schlacht und rief: »Jetzt komm mal runter! Du bist eben nicht mehr 20! In deinem Alter hat sich das Leben halt ins Gesicht eingeschrieben!« »Von wegen!«, empörte ich mich und stampfte trotzig wie ein kleines Mädchen auf den Boden: »Ich will so bleiben, wie ich war! Jung, fröhlich und unbeschwert!«
Zu dumm nur, dass aber Älterwerden die einzige Möglichkeit ist, um zu überleben. Wir können zwar die äußerlichen Begleiterscheinungen mit Botox & Konsorten aus unserem Gesicht verbannen. Wir können Hängepartien mit entsprechender Kleidung kaschieren, Haare färben, Altersflecken entfernen lassen und über spezielle Agenturen jugendliche Liebhaber buchen. Wir können zu wahren Aktionskünstlerinnen bei der Bekämpfung des Körper-Knitterlooks werden. Aber wenn wir dabei vergessen, uns auch innerlich zu pushen, nützt uns das alles nichts. Männer können uns auch mit Falten attraktiv finden und lieben, aber sie gehen auf Abstand, wenn wir zur »Zwiderwurzen«, bösen Alten oder zur »Bitch« mutieren. Und dabei wären die Männer noch egal, wie wir Ü-40-Frauen wissen. Denn wir definieren uns nur noch über sie, wenn wir etwas von ihnen wollen. Es geht viel mehr um uns selbst und unser Lebensglück.

Seitdem wir von den Jahren angezählt sind, wissen wir, wie wertvoll jeder einzelne Tag ist.

»Frauen sterben zweimal. Einmal als Frau, einmal als Mensch«, heißt es. Kinder lachen im Schnitt 400-mal am Tag, Erwachsene 15-mal. Wissenschaftler stellten außerdem fest, dass Frauen im Schnitt bis zum Alter von 45 Jahren glücklicher sind als Männer, danach kehrt es sich um. Nach dem 40. Geburtstag geraten wir nicht nur in eine ausgewachsene Midlife-Crisis (»Soll das schon alles gewesen sein?«), sondern schlittern auch noch in ein tiefes Jammertal.

Die Ursache liegt auf der Hand: Frauen definieren sich immer noch stärker über den Körper als Männer. Wir machen unser Selbstwertgefühl viel mehr an einer glatten Haut als an einem Porsche fest. Männer verlieren zwar ihre Kopfhaare, kriegen einen Bauch und beweisen sich mit Marathonläufen noch einmal ihre Leistungsfähigkeit. Der Zahn der Zeit nagt auch an ihnen, aber er bohrt sich nicht in die unbekümmerte Grundstimmung des Daseins hinein.

Und so entdecken wir eines Tages nach dem 40. Geburtstag eine gespenstische Erscheinung im Spiegel und gehen schließlich verzweifelt in uns, um festzustellen, dass wir an einem Punkt des »no return« angekommen sind. Es ist zum Kotzen, zum Heulen, zum Morden!

Moment ... haben wir nicht schon ganz andere Abgründe überwunden? Wissen wir denn plötzlich nicht mehr, dass jede Krise auch eine Chance ist? Gilt nicht immer noch der alte Spruch unserer Jugend: Alles, was dich nicht umbringt, macht dich stärker? Ist dieses Gespenst im Spiegel nicht vielmehr unsere größte Chance seit der Pubertät? Ja! Vorausgesetzt, wir nehmen die ultimative Challenge heutiger Ü-40-Frauen an, ergeben uns nicht unserem vermeintlichen

Schicksal und beschließen, glücklicher denn je im Leben zu werden.

Nein, wir lassen uns von den Hormonen und Falten nicht seelisch k. o. schlagen. Wir steigen noch mal in den Ring und nehmen es mit der Gesellschaft und uns selbst auf. Bloß – wie packen wir das richtig an?

Der Schriftsteller Fjodor Michailowitsch Dostojewski hat einer Figur in den Mund gelegt: »Alles ist gut. Der Mensch ist unglücklich, weil er nicht weiß, dass er glücklich ist. Nur deshalb. Das ist alles, alles! Wer das erkennt, der wird gleich glücklich sein, sofort im selben Augenblick.« Nun war Dostojewski ein Mann im »besten Alter« – um die 50, als er das schrieb. Der Kerl hatte leicht reden. Beim Blick in den Spiegel am Morgen überdeckte vielleicht sein Bart seine Sorgenfalten, und ich vermute mal stark, dass er anno 1872 auch nicht das gefühlte doppelte Jahreseinkommen für nichtsnutzige Anti-Aging-Cremes ausgegeben hat oder Food-Porn-Facebook-Postings seines jüngeren Chefs ertragen musste. Aber trotzdem hat der Mann recht – Dostojewski hat nur sehr verkürzt, wie genial einfach es sein kann, lachend durch den Rest unserer Tage zu kommen.

Wir dürfen uns nur nicht mehr wahlweise als Opfer oder als Versager sehen. Die Opfer glauben, die Gesellschaft sei schuld an ihrem Elend. Die Versager wiederum lasten nichts der Gesellschaft an, sondern alles sich selbst. Zwischen diesen beiden Polen bewegen wir heutigen Frauen uns. Kurz: Wir sehen uns als Fisch, dessen Wert sich daran bemisst, wie schnell er auf einen Baum klettern kann. Und im Jammertal der mittleren Zeit spitzt sich dieses Empfinden meist noch einmal dramatisch zu einem Opferfeeling erster Sahne zu.

Während die Verfassung der USA das Recht auf ein »Streben nach Glück« garantiert, tendiert unsere Geistesverfassung zu einem »Recht auf Glück«. Ganz im Sinne der preußischen Tradition des Obrigkeitsstaates übertragen wir immer noch gerne die Verantwortung für das eigene Wohlergehen im Leben politisch auf den Staat und privat an unsere Mitmenschen. Wir fühlen uns alle ungerecht behandelt und benachteiligt und geben dafür die Schuld stets anderen: Linke fühlen sich vom Kapitalismus ungerecht behandelt, Rechte von der Überfremdung, Frauen vom Patriarchat, Männer von der gnadenlosen Leistungsgesellschaft, Familien von kinderfeindlichen Strukturen, Singles von der Familiendominanz in der Gesellschaft, Hartz-IV-ler von einer brutalen Arbeitswelt, die sie aussortiert hat, und Karrieristen von dem herrschenden Geschäftsbetrieb, der kein Privatleben mehr zulässt. Und wir Ü-40-Frauen sehen uns nun vor allem als Opfer eines Jugendkults, der uns aufs Abstellgleis stellt. Das Perfide dabei ist: Diese Einstellung ist wie eine Selffulfilling Prophecy und macht uns erst recht zu Xanthippen oder Trauerweiden.

Klar, es gibt immer noch zu viele soziale und geschlechtsspezifische Ungerechtigkeiten – aber je mehr wir diese im Fokus haben, desto eher sehen wir uns selbst auch nur noch durch diese Brille und vergessen das Motto unserer Großeltern: »Jeder ist seines Glückes Schmied.« Wo Opa und Oma ausblendeten, dass auch gesellschaftspolitische Faktoren wie Armut oder Geschlechter-Ungerechtigkeit ein Lebensglück mitschmieden, vergessen wir, dass der Temperaturregler zu unserem Wohlfühllevel auch in unserer eigenen Hand liegt. Wir können das Gespenst im Spiegel vertreiben, noch einmal neu starten und glücklicher denn je werden, wenn wir uns aus der Falle des Versager-Opfer-Denkschemas befreien und nicht von unserer Umwelt fordern: »Mach mich glücklich!« Denn wahlweise soll der Partner ausgleichen, was der Job nicht einlöst, oder die Arbeit uns so erfüllen, dass wir damit Defizite im Privatleben wettmachen. Kinder werden zum sorgfältig terminierten Glücksvorhaben und müssen unbedingt halten, was man sich von ihnen versprochen hat.

Ich will so bleiben, wie ich war gibt dabei keine Tipps zum Glücklichwerden wie die Ratgeber-Literatur. Denn jede Frau sieht ein anderes Gespenst im Spiegel und kann ihm nur mit den jeweils eigenen Mitteln den Garaus machen. Dieses Buch begegnet den Tücken des (weiblichen) Älterwerdens mit Geschichten von dir & mir, Geschichten davon, wie ich mir das Leben selbst schwermache oder wie andere sich ihr Glück vermiesen.
Frauen ab 40 brauchen keine Handlungsanweisungen mehr – sie sind lebenserfahren genug, um aus beispielhaften Storys ihre jeweils eigenen Schlüsse zu ziehen. Da wir auch schon ein wenig in der Denke eingefahren sind (Mist! Das gebe ich äußerst ungern zu!), reicht nicht mehr nur ein abstrakter Satz zur Veränderung unseres Blickwinkels auf das Leben, sondern wir müssen die neue Einstellung tatsächlich ein wenig einüben. Dabei hilft dieses Buch. Vergnügliche Erzählungen heben die Mundwinkel und ersetzen Kummerfalten durch Lachfalten schon bei der Lektüre. En passant verlernen wir dabei das Opferfeeling, weil wir uns und andere durch eine neue Brille jenseits des Versager-Opfer-Schemas betrachten. Denn frei nach Dostojewski gilt: »Eine Frau ab 40 ist nur unglücklich, weil sie nicht weiß, dass sie glücklich ist.«

Der Ernst des Lebens

Manchmal ist ein beiläufiges Gespräch mit den Nachbarn im Treppenhaus oder Lift heilsamer als jede Generationenstudie, jeder Ratschlag oder jede stundenlange Selbsterforschung. Verschiedene Altersstufen treffen hier unwillkürlich zusammen und mit ihnen auch die unterschiedlichen Sichtweisen auf die Welt. Menschen »mittleren Alters« wie ich sehen die eigene Vergangenheit und die mutmaßliche Zukunft aufeinanderprallen – verdichtet und konzentriert in der jeweiligen Generation der Nachbarn und deren jeweiligen Glücksvorstellungen.
Während die Jüngeren in die Welt starten und ganz automatisch glauben, das Glück wäre mit ihnen, betonen die Älteren die Enttäuschungen und negativen Erfahrungen. Die Verletzungen, Niederlagen und Frustrationen verleiten zu gutgemeinten Warnungen vor diesem und jenem und ergeben in der Summe jenen griesgrämigen Gesichtsausdruck, den wir selbst als Jugendliche einst bei den »alten Omas« (ja, leider speziell bei Frauen) beobachtet haben. Neid, Missgunst und Überheblichkeit spiegeln sich in Mimik, Gestik und Worten wider. Es wirkt, als würde Gott nach und nach den Schalter umlegen von lebensfreudigem Optimismus auf besserwisserischen Kulturpessimismus.
Mir fiel diese göttliche Weichenstellung schlagartig auf, als ich vor den Briefkästen in unserem Mehrfamilienhaus zufällig auf den Rentner Albert aus dem dritten Stock und auf den sechsjährigen Leo und seine Mutter aus dem vierten Stock traf.
Leo jubelte uns allen zu: »Bald komm ich in die Schule!«

Bittersüß lächelte Albert dazu: »Dann fängt der Ernst des Lebens an!«
Leo fragte: »Was ist der Ernst des Lebens?«
Albert lachte, strich dem Jungen generös über das Haar und antwortete: »Den lernst du dann schon kennen!«
»Das ist eine Redewendung«, erklärte Leos Mutter dem Kleinen.
»Da wirst du merken, dass das Leben kein Spaß ist!«, ergänzte der Rentner. »Du kriegst nichts geschenkt!«
»Auch nicht mehr zum Geburtstag?«, fragte der Junge.
Albert lachte kurz auf, sichtlich amüsiert über die kindlichen Gedankengänge. Doch dann legte er sofort nach: »Du musst dir im Leben alles hart erarbeiten. Und das fängt in der Schule an. Da ist die unbeschwerte Kindheit dann vorbei. Du wirst schon noch an meine Worte denken!«
Zweifelnd sah Leo den Rentner an. Seine Mutter drängte: »Wir müssen gehen, Essen vorbereiten.«
Ich hatte währenddessen zwei Rechnungen aus dem Briefkasten gefischt, wollte ebenfalls zurück nach oben und stieg mit den anderen in den Lift. Die ganze Zeit über starrte Leo den Rentner fragend an, und dieser versuchte es mit einem gekünstelten Lächeln. Die Verbitterungsfalten, die sich tief in Alberts Gesicht gegraben hatten, erlaubten beim besten Willen kein offenes und freundliches Gesicht mehr. Spätestens ab sechzig hat sich die Lebenseinstellung eines Menschen dermaßen in seinem Gesicht verfestigt, dass es schon mehrerer Stunden Mimik-Training täglich bedürfte, um das noch mal zu korrigieren. Pessimisten werden zu definitiven Grantlern, Optimisten haben zwar auch Falten, aber die bewerten wir automatisch als »interessant« oder nehmen sie in ihrer Tiefe gar nicht so wahr.
Nach einer Schweigepause im Lift sagte der Rentner mit Blick auf die Briefumschläge in meiner Hand: »Es kommt

ja keine schöne Post mehr, nur noch Rechnungen!« Ich pflichtete ihm bei und blickte aus den Augenwinkeln auf die Anzeige des Fahrstuhls. Nur noch ein paar Sekunden, dann würde er aussteigen, und Leo, seine Mutter und ich wären erlöst von seiner schlechten Stimmung.
»In der Schule lerne ich auch Rechnungen!«, ruft Leo begeistert.
Der Rentner gluckst. »Ach, du Dummerchen, das heißt Rechnen. Rechnungen musst du bezahlen. Und das ist nicht lustig!«
Mir platzt der Kragen, und ohne dass ich nachdenke, schnauze ich ihn an: »Sie machen einem kleinen, klugen Jungen das Leben nur madig! Schämen Sie sich! Leo, auch der Ernst des Lebens kann richtig Spaß machen, selbst die Schule. Lass dir das von so einem alten Tatterich nicht vermiesen!«
Erschrocken über meinen Ausbruch, starren mich Leo, seine Mutter und Albert an. Warum kann ich auch meine Klappe nicht halten? Soll der Alte doch reden, was er will. Warum muss ich mich da einmischen?
Grußlos steigt der Rentner aus dem Lift und verschwindet in seiner Wohnung. Leos Mutter kichert plötzlich: »Dem haben Sie es aber gut gegeben! Dieser alte Miesepeter!«
Leos Mutter lädt mich spontan noch auf einen Kaffee ein, stellt sich als Ines-Maria vor, und zusammen spotten wir noch eine ganze Weile über alte Männer. Wir stellen fest: Lästern ist ein besonderer Spaß im Leben! Es hält uns jung und verhindert – hoffentlich –, dass wir griesgrämige, alte Tanten werden.

Das Ärgerliche am Ärger

Meine Tochter Eva blockiert schon wieder stundenlang das Badezimmer, mein Sohn Lukas rollt den dreckigen Fußball einfach durch das Wohnzimmer, und mein Mann Alex kann zwar einen Computer bedienen, aber der Eintrag eines Termins in unseren Küchenkalender überfordert ihn offenbar. Und so steht plötzlich unsere Nachbarin vor der Tür und erklärt zu meiner Überraschung, bereits vor Wochen habe sie mit meinem Mann vereinbart, heute vorbeizukommen. Aha.
Laut Statistik ärgern wir uns zweimal in der Woche kräftig, nach durchschnittlich einer Stunde hat sich das Gefühl wieder verflüchtigt. Wobei die Statistik nicht sagt, wie hoch der Ärgergrad auf der Gefühlsskala ist. Der Fußball von Lukas liegt bei mir beispielsweise im unteren Bereich, während das Gefühl, das Alex' Terminversäumnisse bei mir auslösen, eigentlich kaum mehr als Ärger zu bezeichnen ist, sondern eher als nackte Wut.
Menschen, die sich ärgern, zeigen dies mit einer typischen Mimik: zusammengezogene Augenbrauen, zusammengepresste Lippen, geweitete Pupillen, stechender Blick. Biologen nennen das Drohstarre – jeden Moment kann sozusagen zugebissen werden. Diese besondere Mimik ist ein Überbleibsel aus grauer Vorzeit; unsere Vorfahren mussten in Bruchteilen von Sekunden entscheiden, ob sie kämpfen wollten oder flüchten. Die körperlichen Vorgänge, die damals bei höchster Alarmstufe ausgelöst wurden, funktionieren heute noch so. Große Anspannung oder Ärger sorgen für die massive Ausschüttung der Stresshormone Ad-

renalin und Noradrenalin. Diese lassen den Blutdruck und den Puls steigen, die Atmung wird flacher, die Muskulatur wird besser durchblutet, der Körper ist bereit zum Sprung. Psychologen bestätigen meine Lebenserfahrung, die besagt, es bringt nichts, sich nicht zu ärgern. »Man kann den Ärger nicht einfach wegschieben und sich befehlen: Bleib ganz entspannt!«, sagen die Therapeuten übereinstimmend. Das wäre aufgesetzt, und daraus ergäbe sich nur ein Gefühlsstau. Was die Therapeuten aber empfehlen, nämlich später in Ruhe darüber zu reden, funktioniert bei uns auch nicht. Denn entweder ich schreie die Kinder wütend an, oder ich rede hinterher mit meinem Mann, der zwar in der Ruhe Einsicht zeigt, aber diese Einsicht innerhalb der nächsten fünf Minuten wieder vergessen hat.
»Ich bin halt so«, sagt Alex in solchen Momenten gerne und tritt die Flucht nach vorne an: »Nörgel doch nicht ständig an mir rum! Warum kannst du Menschen nicht einfach so sein lassen, wie sie eben sind?«
Da trifft er einen wunden Punkt, denn natürlich will ich andere Erwachsene nicht »erziehen«. Erst später fällt mir ein, dass »Termine eintragen« und Umerziehungsmaßnahmen so rein gar nichts miteinander zu tun haben – und schon habe ich wieder einen Grund, mich zu ärgern. Dieses Mal über mich selbst. Warum kann ich Alex so selten Paroli bieten?
Das ist übrigens die höchste Kunst des Ärgerns, das Ärgern über sich selbst. Nur Anfänger und Dilettanten der Disziplin »Möglichst unglücklich werden« ärgern sich über andere. Die wahren Profis knöpfen sich selbst vor. Das hat nämlich gleich zwei Vorteile. Zum einen geraten wir unter den typischen Ärgerstress mit Adrenalin und Noradrenalin. Zum anderen machen wir uns selbst so richtig zur Schnecke und schaden damit unserem Selbstbewusstsein.

Unglücksprofis wissen, auf diese Weise schlagen sie zwei Fliegen mit einer Klappe.

Weniger Geübte in der Disziplin »Möglichst unglücklich werden«, die sich selbst noch für eine Abwertung zu gut finden, können auch noch eine andere Methode anwenden. Am besten ärgern sie sich schon vorauseilend, also bevor ein potenzielles Ärger-Ereignis überhaupt eintritt. Ich bin inzwischen nach einigen Übungseinheiten ganz gut darin geworden. Noch bevor Lukas vom Bolzplatz heimkommt, rege ich mich bereits darüber auf, dass er sicherlich den dreckigen Fußball wieder durch das Wohnzimmer rollen wird. Wenn es an der Wohnungstür klingelt, schraube ich mich schon vor dem Öffnen auf 180 hoch – sicher kommt jetzt gleich wieder unangemeldeter Besuch, weil Alex nichts in den Küchenkalender eingetragen hat. Und wenn Eva die Badezimmertür hinter sich schließt, rechne ich nicht damit, dass sie nur schnell etwas holt, sondern dass sie dort wieder Stunden verbringen und mir den Zugang blockieren wird, obwohl ich dringend die Waschmaschine befüllen muss.

Diese vorauseilende Methode hat den Vorteil, dass sie nicht bloß auf Menschen anwendbar ist, sondern auch auf Situationen. Mit 40 plus verfügen Sie über reichlich negative Erfahrungen, die sich problemlos hervorkramen lassen. Denken Sie nur mal zurück: Mit 23 haben Sie den Bus verpasst und kamen deshalb zu spät zu einem Vorstellungsgespräch. Das kann Ihnen jederzeit wieder passieren. Ärgern Sie sich also auf dem Weg zur Bushaltestelle schon mal darüber, dass Ihnen der Bus vermutlich auch heute wieder vor der Nase wegfahren wird. Einen reichen Fundus an Möglichkeiten bieten auch Einkaufssituationen, bei denen sich jemand vorgedrängelt hat. Betreten Sie den Bäckerladen in Erinnerung daran und in der sicheren Gewissheit, dass Ihnen heute wieder jemand das letzte Croissant vor der Nase wegschnappen wird. Vergessen Sie auch nicht, an Gegenstände zu denken, die Sie in Ihrem Leben schon verloren haben – Geldbeutel, Haustürschlüssel oder gar die ganze Handtasche. Ich bin mir ziemlich sicher, dass sich dieses Ärgernis gewiss noch einmal wiederholen wird.

Ein weiterer, schier nie versiegender Quell des Ärgers sind Unhöflichkeiten von anderen Leuten: Dieser Idiot vom Büro nebenan, der Ihnen noch nie die Tür aufgehalten hat; der Lehrer, der Sie vor dem Sprechstundenzimmer warten ließ, bis der Elternabend vorbei war, und dann ohne Entschuldigung verschwand; der Jugendliche, der Sie in der U-Bahn absichtlich anrempelte; die Verkäuferin, die Ihnen einfach keine Auskunft gab, als Sie nach der reduzierten Tischwäsche fragten; der Autofahrer, der Ihnen aus unerfindlichen Gründen den Stinkefinger zeigte; der Fitnesstrainer, der Sie nicht mal grüßte. Kommen Sie bloß nicht auf die Idee, dies als einmalige Entgleisung eines schlechtgelaunten Menschen zu werten.

Profis in der Disziplin »Möglichst unglücklich werden« verstehen sich auf die hohe Kunst, aus Vorfällen wie diesen ein ganzes Weltbild zu basteln. Der Satz »Früher war alles besser!« liefert hierfür eine gute Grundlage. Man kann daraus zum Beispiel ableiten, dass »alles immer schlimmer wird«. Sätze wie »Die Sitten verrohen« oder »Die Menschen werden immer egoistischer« passen auch ganz gut dazu. Genereller Kulturpessimismus macht sich übrigens noch besser. Die heutige kapitalistische Welt ist kaltherzig und vertreibt jegliche Zwischenmenschlichkeit – damit kriegen Sie sogar noch einen politischen Überbau und (hurra!) eine weitere nicht versiegende Quelle an Ärgeranlässen: Politik. Egal welche Partei Sie favorisieren, wenn diese gerade regiert, knöpfen Sie sich die Opposition vor. Wenn Ihre Partei in der Opposition ist, sehen Sie sich den

Murks an, den die Regierung verzapft. Jede Tagesschausendung wird Ihnen Anlass zu Kopfschütteln und Verdruss über diese Politiker liefern. Sie können sich über zu hohe Steuern ärgern oder über zu geringe Sozialleistungen. Sie werden sich über unsinnige Gesetze oder ein zu laxes Durchgreifen empören. Wahlweise regen Sie sich über die unmenschliche Asylgesetzgebung oder mangelnde nationale Grenzsicherungen auf. Bewährt hat sich auch der ganz generelle Ärger über Minister: »Für was werden die eigentlich bezahlt?« Vergleichen Sie deren Gehalt mit dem Ihren, und der Stresshormonspiegel in Ihrem Körper wird in ungeahnte Höhen steigen! Und kommen Sie dabei bloß nicht auf die Idee, selbst politische Verantwortung übernehmen zu wollen; das würde Ihnen womöglich noch Einsichten in die Schwierigkeiten der Staats- oder Stadtlenker vermitteln und wäre in diesem Fall äußerst kontraproduktiv.

Ärger ist jedenfalls eine optimale Sache, um nichts verändern zu müssen – und Veränderungen mögen Menschen ab 40 generell nicht mehr so sehr. Mensch! Ärgere dich richtig! Oder mit Kurt Tucholsky gesagt: »Das Ärgerliche am Ärger ist, dass man sich schadet, ohne anderen zu nutzen.«

Paar, 40+,
schweigend am Esstisch

Mann schweigend am Esstisch

- Die Aufstellung heute Abend wird spannend. Auf die Verteidigung kommt es an.
- Ich darf nicht vergessen zu gucken, ob noch genug Bier für heute Abend da ist.
- Der Schiri am Samstag war geschmiert.
- Das dritte Tor bei der WM 2006 war immer noch das schönste.
- Ich muss die Wette noch auf 2:1 korrigieren.
- Wir haben immerhin Italien jetzt mal besiegt.
- Madrid oder Mailand – Hauptsache, Italien. Legendär.
- Wenn Bayern ein eigener Staat wäre, wäre die Bundesliga auch im Mai noch spannend.
- Ich muss die Wette noch auf 3:1 korrigieren.
- Die anderen haben die bessere Offensive.
- Hoffentlich gibt es Tore.
- Wenn wir nicht gewinnen, Alter …
- Ich sollte die Wette doch nicht korrigieren und beim 2:0 bleiben.
- Die haben vielleicht die besseren Stürmer, aber wir haben die bessere Verteidigung.
- Ich muss noch gucken, ob genügend Chips für heute Abend da sind. Und Bier!
- Hoffentlich ist der Schiri nicht wieder so beknackt wie der vom Samstag.
- Echt doof gelaufen, dass wir nicht mal ins Finale der EM kamen.

- Das Spiel müssen wir gewinnen.
- Ich sollte die Wette doch noch auf 2:1 korrigieren.
- Es wird auf die Aufstellung ankommen.
- Komisch, früher dachte ich alle drei Sekunden an Sex, heute bloß noch an Fußball.
- Warum ist es hier eigentlich so still?

Frau schweigend am Esstisch

- Jetzt warte ich mal, ob er endlich von alleine darauf kommt, mir zu sagen, wie das Essen schmeckt.
- Wenn er kocht, lobe ich sogar, wie schön er alles angerichtet hat.
- Ich werde ihn nicht fragen. Ich werde überhaupt nichts sagen, bis er vielleicht mal seinen Mund außer zum Schmatzen aufkriegt.
- Unglaublich, dass er immer noch nichts sagt.
- Ich darf über meinem Ärger nicht vergessen, heute noch die Creme zu besorgen. Britta meint, die würde wirklich was nützen.
- Vielleicht denkt er ja auch an eine Jüngere. Oh Gott, ja, könnte gut sein. So wie er gestern geschaut hat, als ich vorm Spiegel stand.
- Männer denken doch ständig nur an Sex.
- Trotzdem könnte er mir mal sagen, wie das Essen schmeckt. Wenn ich ihn schon bekoche, während er an Sex mit einer Jüngeren denkt.
- Ich schau morgen gleich bei dem Schönheitschirurgen vorbei, Britta meint, das sei gar nicht so teuer, und der soll echt nett sein.
- Quatsch! Ist doch albern, an eine Schönheits-OP zu denken, bloß weil er an Sex mit einer Jüngeren denkt.

- 💬 Vielleicht denkt er auch an seinen Job? Ist ja echt stressig gerade.
- 💬 Zum Essen könnte er jetzt trotzdem mal was sagen, Stress hin oder her.
- 💬 Ich werde ihn nicht ansprechen, da beiße ich mir lieber auf die Zunge.
- 💬 Der registriert ja noch nicht einmal, dass ich bewusst schweige! Idiot!
- 💬 Wahrscheinlich denkt er doch an Sex mit einer Jüngeren und bemerkt mich deshalb gar nicht.
- 💬 Was für ein unsensibler Trampel!
- 💬 Der kann mich jetzt echt mal, ich mache mir heute einen schönen Abend mit Britta. Ja! Ich gehe einfach wortlos. Obwohl: Ist heute nicht Fußball? Dann wird er gar nicht merken, dass ich nicht da bin!
- 💬 Er redet immer noch nicht. Er hat nur Sex mit einer Jüngeren im Kopf. Ich werde nicht nur heute Abend ausgehen! Ich werde ihn verlassen!

Auf den Hund gekommen

Viele Eltern schaffen sich, nachdem die Kinder aus dem Gröbsten raus sind, einen Hund an. Dabei scheint es sich um ein lebendiges Bekämpfungsmittel des »Fürsorgeentlastungssyndroms« zu handeln. Von jetzt auf gleich knallen die lieben Kleinen, die nun zu Teenagern geworden sind, die Zimmertüre hinter sich zu und würden lieber einen Tag ohne Smartphone leben wollen, als noch bemuttert zu werden. Das ist der Dank dafür, dass man mindestens anderthalb Jahrzehnte damit zugebracht hat, sich darum zu kümmern, dass die Kinder eine frische Windel umgelegt bekommen, etwas Warmes an- oder eine Brotzeit im Schulranzen haben. Wir haben nervige Spielplatzmütter ertragen, die Kids in den Kindergarten und später in die Schule gebracht, wir haben »mach endlich deine Hausaufgaben« gebrüllt, Elternabende überlebt und Lateinlehrer zur Hölle gewünscht. Wir haben die ersten Jahre keine Nacht durchgeschlafen und sind später um drei Uhr in der Nacht ins Krankenhaus gefahren, wegen eines akuten Blinddarms oder sonst irgendetwas. Wir haben gefühlte acht Millionen Mal gefragt: »Hast du auch nichts vergessen?« Und plötzlich, von einer Sekunde auf die andere, hören wir gefühlt acht Millionen Mal am Tag: »Misch dich nicht ein! Das geht dich gar nichts an! Lass mich doch einfach in Ruhe!«
Wen wundert es da, dass man oder frau auf den Hund kommt. Endlich ein Wesen, das uns wieder braucht! Es muss gefüttert werden, es muss Gassi gehen und (vor allem!) braucht die zärtliche Zuwendung von Frauchen oder Herrchen. Es will gestreichelt und belohnt werden, muss

geschimpft und an die Leine genommen werden und je nach Lebensalter seinen Spieltrieb ausleben. Im Gegensatz zu Katzen oder anderen Haustieren braucht ein Hund den Halter viel mehr, und deshalb taucht er oft gerade dann im Familienleben auf, wenn die Kinder sich aus selbigem zurückziehen, denn sie können acht Stunden am Tag mit Anti-Akne-Cremes im Bad zubringen, aber für ein gemeinsames Abendessen haben sie keine Zeit mehr.
Ich gebe zu, ein paar Tage habe ich auch mit dem Gedanken gespielt, uns einen Vierbeiner zu besorgen. Fast hätte ich sogar andere Hundehalter angerufen, um mich zu informieren – was niemand tun sollte, der nicht ernsthafte Absichten hat! Da prasseln so viele Ratschläge über Hunderassen und Hundehaltung auf einen ein, dass man versucht ist, das ganze Vorhaben wegen dieser Komplexität wieder abzublasen.
Weshalb ich den Plan aber schließlich fallenließ, hatte einen anderen Grund. Ich stellte plötzlich fest, dass ich schon ein Haustier habe und das bloß nicht bewusst wahrgenommen hatte, weil die Kinder ja ständig meine Fürsorge brauchten. Bei einem ganz normalen Weg vom Schlafzimmer ins Badezimmer bemerkte ich: Ich habe einen Vogel. Und der piepste plötzlich in meinem Kopf: »Wie blöd kann man eigentlich sein, die Wäsche im Schlafzimmer zu vergessen?«
Diese Wäschegeschichte ist auch wieder der Pubertät der Kinder, in diesem Fall der meines Sohnes, zu verdanken. Eines der schönsten Gefühle, als ich damals mit meinem Partner, der später mein Mann wurde, zusammenzog, war die Freiheit in unserer Wohnung. Im Gegensatz zu den bisherigen WGs konnte ich mich so nackt und frei, wie es mir gerade passte, durch die Zimmer bewegen. Kein Handtuch nach der Dusche war mehr unabdingbar für den WG-Frieden. Ich hüpfte aus der Nasszelle und ging zu meinem Klei-

derschrank, wie Gott mich schuf. Als die Kinder klein waren, badeten wir auch noch zusammen, aber irgendwann kam der Tag der Scham – und selbstverständlich rennt seit der Pubertät des Nachwuchses keiner mehr nackt durch die Wohnung, und jeder schließt die Badezimmertüre hinter sich ab. Deshalb nehme ich auch meine Wäsche mit ins Badezimmer – wenn ich sie nicht vergesse, wie an dem Tag, als sich mein Vogel bemerkbar machte.
»Wie blöd bist du eigentlich?«, piepste es in meinem Kopf. Der Vogel lobte mich nicht für die ungeheure Transferleistung (die kein Mann der Welt jemals verstehen wird!), ohne vorheriges Anprobieren und ohne Spiegel die Kleidungsstücke für den Tag zusammengestellt zu haben. Nein, im Hirn zwitscherte es, voller Häme.
Ich versuchte das, so gut es ging, zu ignorieren. Ein Gedanke zum Thema eigene Blödheit kann ja jeder mal durch den Kopf schießen. Doch ein paar Tage später meldete sich der Vogel schon wieder. Ich stand im Supermarkt vor dem Regal mit Nudeln und wusste nicht, ob ich welche kaufen sollte oder nicht. »Wie blöd bist du eigentlich?«, rief mein innerer Vogel. »Kannst du nicht *vor* dem Einkauf nachschauen, ob noch genug Pasta im Vorratsschrank ist?« Und nur einen Tag darauf sagte das Federvieh zu mir, nachdem ich zum wiederholten Male meinen Mann nicht auf einen Abendtermin aufmerksam gemacht hatte – ja, Sie wissen schon: »Wie blöd bist du eigentlich?«
Ich habe eine glückliche Kindheit ohne körperliche oder seelische Grausamkeiten verbracht. Niemand sprach mich so blöd an wie ich mich selbst. Und niemand, wirklich niemand hackte so systematisch auf mir herum, wie ich es seit einiger Zeit selbst machte, wenn der Vogel mich immer wieder als »blöd« bezeichnet (Ausnahme: Einmal schimpfte er mich sogar »saublöd«).

In meinem Alter sollte man es sich aber nicht gefallen lassen, sich selbst schlecht zu behandeln. Also legte ich mich auf die Lauer, um zu beobachten, wann der Vogel zuschlägt. Zunächst erkannte ich keine Systematik – er beschimpfte mich im Supermarkt, in der Wohnung und im Büro. Er kam morgens oder auch abends. Er tauchte zwar meist auf, wenn ich alleine war, aber bisweilen auch, wenn meine Familie mit am Tisch saß. Nachdem ich also kein Schema erkennen konnte, wollte ich mich schon auf die schnöde Bekämpfung des gemeinen Rufers beschränken (Lass mich endlich in Ruhe!).
Doch dann kam jener eiskalte Wintertag, an dem Eva in einer dünnen Jacke zur Geburtstagsfeier ihrer besten Freundin aufbrechen wollte. Kurz bevor sie aus der Wohnungstür entschwand, entfuhr es mir: »Bist du auch wirklich warm genug angezogen? Hast du auch nichts vergessen?« Meine Tochter atmete tief durch. Es war offensichtlich, wie sehr sie sich bemühte, mir nicht postwendend an den Kopf zu werfen, dass sie groß genug sei, um selbst an alles zu denken. Wenn sie in so einer dünnen Jacke das Haus verließ, würde es schon seine Gründe haben. Ich seufzte – und hörte den Vogel sagen: »Kannst du sie nicht endlich in Ruhe lassen? Wie blöd bist du eigentlich?«
In diesem Moment begriff ich, dass mein Vogel immer dann daherflatterte, wenn es um Vergesslichkeit ging. Ich hatte die Wäsche im Bad vergessen, das Überprüfen von Lebensmittelvorräten, ein Buch im Büro, die Terminansage für meinen Mann – oder eben auch, dass Eva kein kleines Kind mehr ist und eine solche Art der Fürsorge nicht mehr braucht.
Diese Erkenntnis brachte mich ins Grübeln. Früher hatte ich doch auch schon mal was vergessen, aber mich nicht dafür gescholten! Wieso tat ich das jetzt? Litt ich unter einer

neuen Light-Version von Demenz, die zugleich Selbstbeschimpfungen als Symptomatik aufweist?
Komischerweise – das fällt mir gerade ein – war ich während der Stressphase mit zwei kleinen Kindern gar nicht vergesslich. Dabei musste ich damals an hunderttausend Sachen mehr denken als jetzt, oft gleichzeitig. An einem banalen Schultag stellten sich schon beim Frühstück Fragen wie: Hat Eva das Religionsbild ausgemalt? Habe ich Lukas genügend Obst eingepackt? Haben die beiden ihre Hausaufgaben gemacht? Und wenig später: Habe ich die Mappe mit den wichtigen Unterlagen für den Chef dabei? Damals klappte alles wie am Schnürchen. Heute frage ich mich, wie ich das alles überhaupt jemals geschafft habe.
Genau darin scheint des Pudels Kern zu liegen, wie ich kürzlich erfahren habe. Meine Freundin Kikki, Ärztin, Psychologin und immer auf dem neuesten wissenschaftlichen Stand, hat folgende Erklärung für meinen »Alzheimer en miniature«. Neueste Studien zeigten, so Kikki, dass Mütter kleiner Kinder so stressresistent seien wie weder zuvor noch danach in ihrem Leben. Die amerikanische Verhaltensbiologin Tracey Shors stellte fest, dass ab der späten Schwangerschaft eine psychische Robustheit mit erhöhtem Wagemut, größerer Furchtlosigkeit und extremer Konzentrationsfähigkeit einsetzt. Eine Art Hirndoping macht Mütter viel belastbarer als ihre kinderlosen Artgenossen. Es ließ sich nachweisen, dass während der Schwangerschaft im Gehirn neue Nervenzellen wachsen.
Aha. Und geprägt von dieser Hochleistungsphase, werfe ich mir nun also meine ganz normale Vergesslichkeit vor. Und das tritt naturgemäß zu einem Zeitpunkt auf, wo die Kinder mich nicht mehr brauchen, nicht mehr haben wollen, ja sogar verlangen, ich sollte meine Fürsorglichkeit aufgeben. Das erklärt natürlich einiges. Aber trotzdem nicht,

warum ich mich dafür auch noch schimpfe. Könnte es sein, dass die Hirnzellen, die sich in den Schwangerschaften bilden, ab einem bestimmten Alter der Kinder »Langeweile-Mutationen« unterliegen und ganz neu zu einem inneren Vogel zusammenwachsen? Fragen über Fragen!
»Was für ein Quatsch, sich das überhaupt zu fragen! Wie blöd bist du eigentlich?«, tönt … klar, Sie wissen schon, wer!

Vermisstenanzeige

Bitte helfen Sie mir!

Ein ganz wichtiger Teil meiner Persönlichkeit kam mir plötzlich abhanden! Ich habe keine Erklärung, wann und wo mir dieser Part entlaufen sein könnte. Weder sah ich ihn sich von mir abspalten noch die Wohnung verlassen. Er muss sich einfach seit dem 40. Lebensjahr unbemerkt verflüchtigt haben.
Wer ihn sieht oder ihm begegnet – bitte unbedingt bei mir melden! Dieser Teil meiner Persönlichkeit war meiner ganzen Familie so ans Herz gewachsen! Bitte, bitte, bitte!
Sie haben doch auch schon nach entlaufenen Katzen oder abhandengekommenen Vögeln anderer Ausschau gehalten.
Als Finderlohn gebe ich Ihnen 10 Prozent davon ab, versprochen.

Bitte helfen Sie mit, die Unbeschwertheit meiner früheren Jahre wiederzufinden!

Ja, nein, vielleicht

Alex ist eigentlich der beste Mann auf der Welt, den ich mir wünschen kann. Na ja. Quatsch! Natürlich kann ich mir noch einen viel bessern wünschen. Einen, der mich täglich fragt: »Liebling, wie fühlst du dich?« Oder einen, der am Freitagnachmittag erklärt: »Mach dir mal ein schönes Wochenende. Ich gehe einkaufen, ich überziehe die Betten, ich gucke nach den Schularbeiten der Kinder, ich putze das Bad, wasche die Wäsche, koche, ich kümmere mich um die Geburtstagsfeier deiner Mutter und überlege mir nicht nur ein passendes Geschenk, sondern verpacke es auch noch schön.« Oder einen, der den Körper eines 20-Jährigen hat, aber zugleich die Gelassenheit meines 54-jährigen Ehemannes.
Natürlich kann frau sich immer mehr wünschen. Aber eigentlich geht es uns doch genau deshalb besser als den Teenagern, weil wir wissen, dass das Leben kein Wunschkonzert ist, sondern eine Reality-Show. Womit ich sagen will, dass ich unter den gegebenen Umständen mit meinem Mann so glücklich bin, wie ich es eigentlich nur sein kann. Von einer Ausnahme abgesehen.
Bei der Fußball-WM 2006, die später zum Sommermärchen wurde, tauchte eine Charakterbeschreibung meines Mannes – selbstverständlich anonym – unversehens in einer großen Tageszeitung auf. Ich schlug an jenem Morgen des Jahres 2006 das Blatt auf und las fassungslos, wie sich der Charakter meines Mannes extrem kurz zusammenfassen lässt:

Willste mit mir Fußball gucken?

O Ja
O Nein
O Vielleicht

Alex schlägt zum Beispiel vor: »Lass uns am Freitag doch mal ins Theater gehen.« Bevor ich dazu etwas sagen kann, wirft er ein: »Ach, das neue Regie-Theater ist eigentlich doof, lass uns was anderes zusammen unternehmen.« Sekunden später höre ich: »Nein, wir sollten ein gemütliches Wochenende haben und gar nichts unternehmen.«
Alex ist in unserer Beziehung und in der Familie die treibende Kraft hinter allen Unternehmungen. Ich bin ihm dankbar dafür, denn ohne ihn würde ich wahrscheinlich schon längst zu einem verlotterten Faultier mutiert sein, das sich am Wochenende nicht mal mehr duscht, sondern nur noch zusammengerollt im Bett liegen bleibt. Alex dagegen kommt auf Ideen wie auf Mauritius einen Bio-Supermarkt zu eröffnen, Altindisch für einen Yogakurs zu lernen oder unser Schlafzimmer auf den Speicher zu verlegen, damit die Kinder einen Raum für eine Tischtennisplatte frei haben. Ihm fallen Dinge ein, an die ich nicht im Traum denken würde. Nett formuliert, würde ich sagen: Was seine Kreativität angeht, ist er irre produktiv. Weniger nett formuliert: Er spinnt bisweilen. Soll ich *ernsthaft* oben im Speicher schlafen, bloß damit die Kinder die Möglichkeit haben, jederzeit Tischtennis zu spielen? Die Tischtennisphase wird ebenso vergehen wie die Box- oder Ballett- oder Skateboardphase. Hat der Mann eigentlich eine Ahnung von der Lebensrealität? Offenbar nicht. Denn sonst wüsste er, dass die Kinder morgen schon den Boxsack, die Ballettschuhe und die Tischtennisplatte genauso ignorieren wer-

den wie uns. Nur dass wir dann immer noch oben auf dem Speicher hocken.

Ich gebe offen zu: Wenn Alex von Altindisch, Supermärkten auf Mauritius oder Wohnungsumbauten spricht, steige ich bisweilen geistig aus und lasse ihn einfach reden. Umgekehrt gebe ich auch zu, dass ich ohne seine Ideen aufgeschmissen wäre. Ich käme ja noch nicht mal auf einen Familienausflug zum Starnberger See, wenn Alex mich nicht darauf hinweisen würde, dass wir in München leben und also dieser traumhafte See in Reichweite liegt. Wir müssen dafür nicht ein Flugzeug besteigen, sondern können in zwanzig Autominuten dort sein.

Aber okay. So bin ich nun mal. Und so ist Alex nun mal. Alles in allem passt es – bloß eins passt nie. Das »Ja. Nein. Vielleicht.« Ich liebe meinen Mann und habe mich mit allen seinen Macken und schlechten Gewohnheiten arrangiert. Nur eben nicht mit diesem »Ja. Nein. Vielleicht.« Bei ihm ist nichts wirklich sicher, nicht einmal das Essen zu unserem Hochzeitstag. Seit Wochen war es geplant, seit Wochen war ein Tisch im besten Lokal des Viertels reserviert. »Wenn wir schon feiern, bist du dir wirklich sicher, dass das ›Mythos‹ die beste Adresse ist? Sollten wir nicht besser zum Thai gehen? Der hat neulich sogar einen Stern bekommen! Ist zwar etwas teurer, aber zu diesem Anlass vertretbar, meinst du nicht?« Sagt Alex, nachdem ich mich fast eine Stunde im Badezimmer gestylt habe, die Kinder schon im Flur warten und wir eigentlich gerade die Wohnung verlassen wollten, Richtung »Mythos«. Zornig wende ich ein, dass ihm das ja sehr früh einfalle, und drohe, ohne ihn und nur mit den Kindern unseren Hochzeitstag zu feiern.

Alex meint es gar nicht böse – wie auch, keiner meint es böse –, aber er versucht ständig zu optimieren. Und das nervt. Das nervt ungemein. Das nervt so sehr, dass dieser ständige Optimierungswahn de facto zum Prüfstein für unsere Beziehung wird.

Ich ertappe mich bei dem Gedanken, meinem Mann eine Affäre an den Hals zu wünschen: Bei dem ständigen Switchen zwischen Geliebter und Ehefrau hätte er keine Zeit mehr, einen ganz banalen Restaurant-Besuch nach dem Motto »Ja. Nein. Vielleicht.« in Zweifel zu ziehen. Erfreut darüber, dass seine Affäre unentdeckt bliebe, würde er mit uns einfach so, mir nichts, dir nichts, geistig abwesend, die Wohnung verlassen und beim Griechen einen schönen Abend verbringen. Seine Affäre würde ihm keinen Raum lassen für Überlegungen, ob nicht doch der Thai die bessere Wahl für den Hochzeitstag gewesen wäre. Seine Libido würde sogar dafür sorgen, dass er nicht im Traum daran denken würde, ob wir den Schlüssel für die Wohnung auch eingesteckt haben oder nicht. Alex käme nicht – wie die meisten alternden Männer – auf die Idee, sich plötzlich um alles Mögliche und Unmögliche zu sorgen. Er wäre plötzlich wieder so pflegeleicht wie damals, als die Kinder noch klein waren und wir uns nicht mehr sahen, weil ihn das Büro komplett verschluckt hatte.

Der Wunsch hat nur einen Haken: Alex könnte sich wahrscheinlich keinen Abend entscheiden, ob er nun zu Hause bei mir bleiben oder zur Geliebten gehen sollte. Er würde so lange darüber grübeln, was für ihn an diesem Abend das Beste wäre, bis sowohl ich als auch die Geliebte längst eingeschlafen wären. Und schließlich würde die Geliebte, die Alex natürlich nicht so gut kennt wie ich, meinen Mann vor die Tür setzen, weil er viel zu unzuverlässig zu Verabredungen käme. Zwar hätte er ständig gute Ideen für Treffpunkte – entlegene Hotels am Starnberger See oder die momentan leerstehende Wohnung der Yogalehrerin, bei der er die Blumen gießt –, aber nie, nie, nie könnte sie sicher sein, dass

er auch wirklich zu den Dates käme. Und so wäre die Affäre schneller vorbei, als sie begonnen hätte.
Je länger ich darüber nachdenke, desto glücklicher kann ich also eigentlich über die größte Macke meines Mannes sein. Wie so vieles im Leben ist alles nur eine Frage der Perspektive. Oder vielleicht doch nicht? Hm. Ich kann mich nicht entscheiden. Ja? Nein? Vielleicht?

Götterdämmerung

Während die monotheistischen Religionen wie das Christentum, das Judentum und der Islam keine einzige höhere Instanz haben, die man für das irdische Glück anflehen könnte, gab es in der Antike bei den Römern gleich zwei Göttinnen, die für das Glück hienieden zuständig waren: Fortuna und Felicitas. Zwar haben die Katholiken, die den Monotheismus mit ihren Heiligen und deren Anbetung bisweilen etwas hintergehen, jemanden, der ihnen beim Suchen hilft, wenn sie etwas verlegt haben (den heiligen Antonius), aber weit und breit keinen einzigen Heiligen beziehungsweise keine einzige Heilige, der oder die beim Finden des irdischen Glücks überirdischen Beistand leisten könnte. Wie viel besser hatten es da doch die alten Römer mit ihrer himmlischen Doppelspitze, die noch dazu aus zwei Frauen bestand! Was für glückliche Zeiten mussten das gewesen sein! Dachte ich jedenfalls, bis ich für dieses Buch in der Antike recherchierte und einen sensationellen Fund machte – ich stieß auf einen Bericht aus dem Götterhimmel des alten Roms, der erklärt, warum Jupiter und Co abdankten! Hier ist er, übersetzt und der heutigen Sprache angepasst:

In der Chefetage weit über den Wolken sitzt Jupiter und blickt abwechselnd auf einen vor ihm auf dem Schreibtisch liegenden Bericht und durch eine Glasfensterfront in den strahlend blauen Himmel. Er blättert Seiten hin und her, seufzt und sieht auf die Uhr, bis es an der Tür klopft. Eine füllige, auffällig geschminkte und südländisch aussehende

Fortuna betritt den Raum, gefolgt von der durchtrainierten Blondine Felicitas. Jupiter bittet beide an den kleinen Konferenztisch im Raum.

JUPITER Setzt euch doch! Wollt ihr etwas trinken? Soll ich etwas bringen lassen?
FORTUNA *(launig)* Gern! Eine Amphore Wein wäre gerade recht.
FELICITAS Also wegen mir bitte keine Umstände. Nur Wasser.
JUPITER *(gibt seiner Assistentin ein Zeichen, die Getränke zu bringen)* Nun, also ... meine Damen ... vielleicht ahnt ihr, weshalb ich euch eingeladen habe.
FORTUNA *(scherzend)* Weil dem Glücklichen keine Stunde schlägt?
FELICITAS (ernst) Weil die Unternehmensberatung Christels im Haus ist? Hab davon gehört.
JUPITER *(aufstöhnend)* Exakt, Felicitas.
FORTUNA *(weiter launig)* Wie? Wer ist das? ... Und was ist jetzt mit der Amphore Wein? Wenn wir schon beruflich quatschen, sollten wir auch unseren Spaß dabei haben.
FELICITAS Ich glaube, du verkennst den Ernst der Lage, Fortuna. Eine Unternehmensberatung im Haus hat noch nie Gutes für die Beschäftigten der Firma bedeutet. Oder irre ich mich, Jupiter?
JUPITER *(windet sich)* Also, ähm ... so einfach ist das nun nicht.
FELICITAS So werden alle Gespräche auf Chefetagen eingeleitet, die schlimme Folgen haben.
JUPITER *(verstört)* So einfach kann man das nicht sehen.
FORTUNA Von was sprecht ihr? Wir sind hier im unsterblichen Götterhimmel und nicht in einem x-beliebigen Unternehmen! Wo bleibt der Wein?

Jupiter steht auf und klingelt nach seiner Assistentin, damit diese Wasser und Wein bringt. Fortuna legt Schminke nach und bewegt sich zu einem imaginären Takt. Felicitas schaut sorgenvoll drein.

JUPITER Also, um es kurz zu machen, weil ich auch gar nicht weiß, wo ich anfangen soll: Wir müssen rationalisieren. Sonst haben wir keine Zukunft mehr. Und der erste Punkt in der Firma ist die ineffektive Doppelbesetzung der Glücksabteilung mit euch beiden.
FELICITAS *(entsetzt)* Was?
FORTUNA *(begreift langsam)* Was soll das heißen?
JUPITER (zerknirscht) Christels sagt, *eine* Glücksgöttin reicht. Wozu zwei Top-Boni zahlen?
FELICITAS Das heißt: Eine von uns beiden schmeißt du jetzt raus?
JUPITER *(zerknirscht)* Mir bleibt nichts anderes übrig! Wir müssen uns verschlanken. Die Konkurrenz sitzt schon in den Startlöchern. Juden, Christen, Moslems … Die kommen über kurz oder lang auf, wir verlieren unsere Monopolstellung. Ihr müsst das verstehen!
FORTUNA/FELICITAS *(gleichzeitig entsetzt)* Was?!
JUPITER Irgendwann einmal in grauen Vorzeiten gab es eine personelle Fehlentscheidung, deren Quittung wir nun zu zahlen haben. Zwei Führungspersönlichkeiten mit einer Funktion … es tut mir ja leid!
FELICITAS Und mir erst! Ich mag Fortuna ja so sehr. Schrecklich.
FORTUNA Moment! Feli, *du* bist überflüssig, es tut mir um dich leid! Ohne mich geht hier gar nichts.
FELICITAS Wie bitte? Fortuna, ich bin deutlich wichtiger. Ich schenke den Tüchtigen ihr wohlverdientes Glück.
FORTUNA Und ich gebe jedem Menschen Hoffnung. Nur

durch mich können auch Arme Goldstücke finden und reich werden.
FELICITAS Ich bringe Lebensglück, auf Dauer, nicht bloß so einen kurzen Kick!
FORTUNA Und ich bringe Spaß ins Leben, ich schenke allen Hoffnung, weil mich ein jeder um eine Gunst bitten kann.
FELICITAS Du bist eine blinde Kuh, die auch bösen Menschen hilft!
FORTUNA Und du bist die Schlampe der reichen Schnösel!
FELICITAS Schlampe? Jupiter, hast du das gehört? Also so eine … eine, die so spricht, hat hier in der Chefetage wirklich nichts verloren!
JUPITER Also, es ist wirklich schwierig. Wir haben auch nachgesehen, wem die Menschen schönere Tempel bauten – ihr liegt gleichauf.
FELICITAS Aber … mich brauchen die Menschen viel mehr!
FORTUNA Nein, mich!

Fortuna und Felicitas springen auf und ziehen sich an den Haaren. Jupiter trennt die beiden.

JUPITER Meine Damen! Ich muss doch sehr bitten!
FELICITAS *(kreischt)* Zufall macht nie glücklich, nur die Früchte der Arbeit, des Mutes, des Einsatzes für eine Sache.
FORTUNA *(scharf)* Was für ein Quatsch! Das Leben ist an sich ungerecht, und dass das Glück mal die Underdogs trifft – was für eine ausgleichende Gerechtigkeit!
JUPITER Es fällt mir ja alles nicht leicht, aber …
FORTUNA *(fällt ihm ins Wort, springt wieder auf)* Nee, nicht mit mir! Wisst ihr was? Ich kündige, ich gehe freiwillig! Das lasse ich mir nicht gefallen! Ich mache mich selbständig.

FELICITAS Was? Wie?
FORTUNA Ich werde Fußballvereine und Lotteriegesellschaften gründen. Leckt mich doch mit dem gelackten Büro hier!
FELICITAS *(springt auch auf)* Interessant! Gar keine so schlechte Idee, sich selbständig zu machen. Ich könnte mich zum Beispiel in das Menschenleben einschreiben als Vorname, der nicht ausstirbt.
JUPITER Moment! So war das nicht gedacht, ihr könnt doch nicht beide einfach gehen!

Felicitas und Fortuna grinsen sich verschwörerisch an.

FORTUNA *(ironisch)* Können wir nicht?
FELICITAS *(ironisch)* Können wir nicht?
FORTUNA Ciao, Chef! Ex-Chef!
FELICITAS Dann mal viel Glück … ohne uns! Hihi!

Fortuna greift noch zur Amphore Wein und steckt sie ein, dann verlassen beide Frauen das Büro. Jupiter bleibt mit offenem Mund sitzen.

JUPITER *(zu sich)* Wenn das mal gutgeht! Weiber! Denen traue ich zu, dass sie jetzt der Konkurrenz das ganze Glück schenken und uns der Laden noch zusammenbricht. Schöner Mist! Am Ende sterben wir römischen Götter noch aus, und keiner glaubt mehr an uns!

Schokoladenkater

»Macht Schokolade glücklich?«
Wer diese Frage googelt, erhält rund 534 000 Ergebnisse. Vom *Spiegel* über *Brigitte*, vom *Handelsblatt* und der *Zeit* bis hin zum *Spektrum der Wissenschaft* – alle großen Medien hat diese Frage schon beschäftigt. Auch in Blogs und Foren ist sie offenbar ein Dauerbrenner. Über die sozialen Medien verbreiten sich mit schöner Regelmäßigkeit bebilderte Schokoladen-Sprüche wie:

»Schokolade löst keine Probleme,
aber das tut ein Apfel ja auch nicht.«
»Solange Kakaobohnen an Bäumen wachsen,
ist Schokolade auch Obst.«
»Wenn es im Himmel keine Schokolade gibt,
dann will ich da auch nicht hin.«

Im Großen und Ganzen sind sich die Forscher darüber einig, dass Schokolade glücklich machen *kann*. Die Kombination aus Zucker und Fett liefert dem Körper den optimalen Energiemix: Zucker bringt dem Hirn schnelle Energie, Fett dient als Reserve für harte Zeiten. Schokolade enthält viele potenziell wirksame Substanzen, allerdings sind diese in den meisten Fällen zu niedrig dosiert, um einen merklich positiven Einfluss auf den menschlichen Körper zu haben. Schokolade wirkt demnach hauptsächlich psychisch – die mit Schokolade verbundenen positiven Erinnerungen setzen Endorphine im Hirn frei, und die sorgen für Glücksgefühle.

Warum essen wir nun nicht ständig Schokolade, wenn sie uns doch so glücklich macht? Jeder kennt den Grund: Sie hat zu viele Kalorien. Mit einer Tafel Schokolade deckt ein Erwachsener den durchschnittlich benötigten Tagesbedarf an Energiezufuhr.
Und wir sind ja längst erwachsen und wissen spätestens ab dem 40. Lebensjahr, dass alles im Leben seinen Preis hat. Wir verkneifen uns Schokolade und hoffen so, pfundig ungeschoren davonzukommen. Und wenn wir dann doch einknicken und uns dem Heißhunger hingeben, dann wissen wir, dass wir »sündigen«, und nehmen die Nebenwirkungen, die sich auf der Personenwaage zeigen, zähneknirschend in Kauf.
»Du kannst das eine ohne das andere nicht haben!«, predigen wir unseren Kindern, wenn sie sich darüber beschweren, dass sie für gute Noten lernen müssen, oder sich fragen, warum Zähne nicht einfach gesund bleiben können, auch wenn man sie nicht putzt. Wir haben im Laufe der Jahre gelernt, dass auch Spitzensportler trainieren und Ausnahmepianisten viele Stunden täglich üben müssen, und einfach nichts vom Himmel fällt. Und ja, wir wissen auch, dass der Apfelstrudel dann am besten schmeckt, wenn wir zuvor einen Berg erklommen haben. Wir genießen den Urlaub umso mehr, wenn wir zuvor rund um die Uhr gearbeitet haben. Und eins der größten Glücksgefühle im Leben einer Frau – die Entbindung eines Kindes – ist mit unsäglichem körperlichen Schmerz verbunden.
»Du kannst das eine nicht ohne das andere haben«, sagt uns unser Ü-40-Verstand und stellt beim Anblick einer Tafel Schokolade ungefragt die Gleichung auf: x Stücke/Tafeln Schokolade = x Kilo mehr. Wo jeder Jugendliche versucht, alles ohne Anstrengung oder ohne Konsequenzen zu kriegen, winken wir müde ab und zitieren Fontane: »Alles im

Leben hat seinen Preis. Auch die Dinge, von denen man sich einbildet, man kriege sie geschenkt.«

Und trotzdem gibt es ein inneres Kind in uns, das immer noch hofft, das eine wäre ohne das andere zu haben. Dieses innere Kind würden wir vor unseren eigenen Kindern natürlich nie zugeben. Wenn ich nachts um drei Uhr Heißhunger auf Schokolade verspüre, mich zum Vorratsschrank schleiche und die Stückchen genieße (Schokolade schmilzt genau bei Körpertemperatur im Mund, für verschiedene Forscher auch ein Argument, warum sie glücklich mache), will ich in diesem Moment einfach ganz kindisch daran glauben, dass die Schokoladen-Kalorien sich nicht in weiteren Speckröllchen manifestieren werden. Ich fühle mich wie eine 13-Jährige, die in ihrer Phantasiewelt der Unverwundbaren so besonders einzigartig ist, dass sie sogar die Welt retten kann – oder eben essen kann, was sie will, weil zu viel Kalorien doch nicht dick machen. Beim Schokoladeessen nachts um drei Uhr werde ich zu meiner eigenen Kindheitsheldin und will nichts und nimmer nichts mehr mit den schnöden Gegebenheiten der Realität zu tun haben. Ist das alleine nicht schon Glück genug? Einfach einmal wieder ohne Reue im Genuss aufgehen zu können?

Doch nicht nur ich verliere offenbar den Verstand und den Realitätsbezug, wenn es um Schokoladenseiten geht. Vor gut einem Jahr titelten die *Bild*, der *Spiegel* und alle großen Medien mit der Sensation: »Mit Schokolade nehmen wir ab!« Nach einer neuen Studie habe sich vermeintlich herausgestellt, dass der Konsum von einigen Tafeln Schokolade nicht bloß glücklich mache, sondern sogar das Gewicht reduziere. Jeder in der Familie, im Büro und beim Einkauf erwähnte freudestrahlend diese neuen wissenschaftlichen Erkenntnisse. Alex brachte am Tag dieser sensationellen

Schlagzeilen nach Büroschluss etwa zwanzig Tafeln verschiedener Sorten mit heim. Ich weiß es nicht mehr genau, aber ich glaube, an diesem Abend bereitete ich auch ein »Mousse au Chocolat« für die Familie zu.
Die neue Studie schlug wie eine Bombe ein – alle Elternsprüche, der klassische Fontane und alle Sprichwörter nach dem Motto »ohne Fleiß kein Preis« wurden damit in die Mottenkiste der Geschichte verbannt. Hatten wir es uns denn nicht schon immer gewünscht? Hier war der Beleg dafür: Glück gibt es auch ohne Dornen, Glück gibt es auch pur, Glück in Form von Schokolade ist sozusagen das tafelgewordene Schlaraffenland. Diese neuen wissenschaftlichen Erkenntnisse stellten nicht nur mein Weltbild auf den Kopf, sie katapultierten ganze Generationen in die Jugend zurück. Das Glück ist auch ohne Preis erhältlich. Der Apfelstrudel schmeckt auch ohne vorherige Bergbesteigung gut. Ha, die ganzen Spießer der Elterngeneration waren widerlegt – auch wenn wir selbst längst zu diesen Spießern geworden waren und uns damit selbst widerlegten, aber was spielte das schon für eine Rolle im Schokoladenglückstaumel? Ich möchte nicht wissen, wie viele Familien nach der Veröffentlichung dieser Studie Schokoladenorgien feierten oder wie viele Frauen sich in jener Nacht um drei Uhr in die Speisekammer schlichen und über die gesamten Schoko-Vorräte herfielen. Schokolade! Mhhh! Und ich nehme auch noch ab dabei! Ist das Leben nicht schön?!
Zwei Tage später kam der Schokoladenkater. Die Macher der Studie outeten sich als Medien- und Wissenschaftskritiker; sie hatten einfach testen wollen, ob man ungeprüften Unsinn einfach so lancieren kann. Die »Studie« hatte viel zu wenige Teilnehmer, um repräsentativ zu sein, jedes redliche methodische Vorgehen war missachtet und die »Ergebnisse« waren in falsche Zusammenhänge gesetzt worden.

Kurzum: Nichts, aber auch gar nichts war wahr an der Behauptung, man könne mit Schokolade sogar abnehmen.
Den Wissenschaftskritikern war ein richtig guter Coup gelungen, ein Beweis dafür, dass vermeintlich »wissenschaftliche Studien« ohne weitere Überprüfung einfach von Zeitungen abgedruckt und von filmischen Medien auch noch optisch illustriert werden.
Nach meinem Schokoladenkater fragte ich mich, ob die Studien-Macher die gleiche Wirkung mit einer »wissenschaftlichen Untersuchung« zu Schuheinlagen bei Plattfüßen erzielt hätten. Es liegt mehr als auf der Hand: Ganz sicher hätte es die Medien bei weitem nicht so interessiert, ob Einlagen nun Plattfüße eher fördern oder verhindern.
Fußgesundheit und wissenschaftliche Erkenntnisse zu Einlagen mögen ja interessant sein – aber mit ihren Schokoladenseiten haben die Medien uns unseren Kindheitstraum, unsere Jugendhoffnung angesprochen, eine immerwährende schlummernde Sehnsucht in uns wieder geweckt. Allem Wissen und jeder Lebenserfahrung zum Trotz lassen wir uns deshalb nur allzu gerne vorgaukeln, es wäre doch möglich: Glück ohne jegliches »aber« wie Kalorien zu haben.
Liebe Macher dieser Studie, ich bin euch ernsthaft böse – hättet ihr doch den Betrug nicht aufgeklärt! Ich würde weiter munter tagsüber und nachts um drei Uhr Schokolade essen. Zwar würde mich die Anzeige der Personenwaage in Erstaunen versetzen und ins Grübeln bringen. Aber ich würde das entweder auf meine individuelle Nahrungsverarbeitung oder auf einen technischen Defekt der Waage zurückführen. Vielleicht. Am Tag danach. Oder Wochen oder Monate danach. Bis dahin hätte ich himmlisch genussvolle Stunden verbracht, wie ein Kind oder eine Jugendliche. Ihr aber habt mich zu einer weiteren Altersweisheit gezwungen. *Shame on you!*

Jäger und Sammler

Es ist unbestritten, dass wir von Jägern und Sammlern abstammen. Wobei automatisch immer davon ausgegangen wird, dass die Männer jagten und die Frauen sammelten. Die Rollenaufteilung unserer Vorfahren wird außer von ein paar Matriarchatsforscherinnen wie Heide Göttner-Abendroth im Prinzip nicht in Frage gestellt.
Ich kann mir mangels genaueren Wissens auch kein Urteil über die graue Vorzeit erlauben. Aber ich traue mir zu, die heutige Zeit realistisch einzuschätzen – und demnach sind 90 Prozent der Ü-40-Männer Sammler und 90 Prozent der Ü-40-Frauen Jägerinnen. Letztere machen nicht nur Jagd auf ihren Speck und ihre Falten, sondern sie spüren auch die ganzen überflüssigen Dinge auf, die die Sammler in ihrem Umfeld so horten. Sie legen sich geduldig auf die Lauer und schießen den angehäuften Krempel mit einem gezielten Blattschuss in den Müll, wenn sich die Gelegenheit ergibt (also der Sammler nicht da ist). Vulgo: All meine Freundinnen entsorgen heimlich zerschlissene Hemden, Socken mit Löchern, Fußballzeitschriften von 1956, im Keller lagernde Kühlerroste entfernter Mercedes-Verwandter und unberührte Sonderangebote aus der Aldi-Werkzeugabteilung von 1983. Die Frau von heute jagt dem Überflüssigen hinterher und bringt es konsequent zum Verschwinden – es sei denn, es handelt sich um Anti-Aging-Creme-Proben, Schuhe, Tischwäsche oder andere überlebenswichtige Dinge. Für diese Sachen gelten Sonderregelungen, die primitive Männergehirne bloß nicht verstehen können.

Alex und ich entsprechen eins zu eins diesem Schema. 90 Prozent von mir entsorgen unnötige Dinge wie Hemden, Socken, Fußballzeitschriften, Kühlerroste und Aldi-Werkzeugpackungen. 10 Prozent von mir horten existentiell wichtige Dinge wie Handtaschen, Vasen und Parfums. Warum unsere Ehe bisher an meinen heimlichen Aktionen noch nicht zerbrach und Alex meine gemeine Hinterhältigkeit noch nicht erkannte, ist einzig und allein der Tatsache zu verdanken, dass wir inzwischen immer häufiger nicht ganz so Wichtiges vergessen.
Ich bin mittlerweile dazu übergegangen, neu gekaufte Schuhe nach dem Imprägnieren nicht mehr *in* den Schrank zu stellen, sondern *vor* den Schrank. Der Grund dafür ist einfach: Es ist mir tatsächlich schon passiert, dass ich neu erstandene Lederschuhe eine komplette Saison lang vergaß und mir im nächsten Jahr ein ganz ähnliches Paar kaufte – um schließlich entsetzt festzustellen, dass da ja schon so ein Paar im Schrank steht! Kurz darauf ging es mir mit einem T-Shirt in einem bestimmten Blauton ähnlich, und ich googelte deshalb »Alzheimer«. Nein. Uff. Verschiedene medizinische Zusammenhänge schlossen das Gott sei Dank aus. Eine mögliche Erklärung liegt eher darin, dass wir in den sogenannten mittleren Jahren noch einmal einerseits durchatmen und andererseits beruflich noch einmal Gas geben. Die Kinder – falls wir welche haben – sind mittlerweile so groß, dass sie uns einen beruflichen Neustart erlauben. Zugleich wissen wir auch die Erholungspausen und die Freizeit zu schätzen und befreien uns dabei von unnötigem Ballast im Denken. Kurz: Wenn ich gerade in meinem zarten Alter eine Firma gründe, trotzdem noch mit halbem Herzen bei den Kindern bin und den Haushalt ohnehin »mit links« schmeiße, sortiert mein Hirn einfach ziemlich rigoros Wichtiges und Unwichtiges auseinander.

Es mag mir an einem Mittwoch das Wichtigste sein, nach Feierabend noch diese Lederschuhe zu ergattern; kaum habe ich sie erstanden, konzentriert sich mein Kopf wieder auf Erholung einerseits oder Firmengründung andererseits. Was von der immerwährenden To-do-Liste abgehakt ist, verschwindet in irgendeinem Nirwana – oder eben in meinem Schuhschrank, weshalb ich mir selbst misstraue und schon jetzt Angst davor habe, irgendwann einmal mit den Enkelkindern Memory zu spielen. Das kann nur ganz fatal nach hinten losgehen. Aber gut, das ist ein anderes Kapitel und liegt noch in weiter Ferne (meine ich zumindest, wobei ich natürlich keinerlei Ahnung habe, wo Lukas und Eva beziehungstechnisch gerade stehen).
Das mit meinen Schuhen ist natürlich ein ganz, ganz anderes Kapitel als der Sammeldrang meines Mannes. Während ich zig rationale Gründe dafür ins Feld führen kann, warum ich diese Schuhe einfach kaufen *musste*, weiß Alex nicht, warum er plötzlich im zarten Alter von 54 damit beginnt, Matchbox-Auttos zu sammeln. Wenn ich ihn frage, murmelt er etwas im Sinne von, die seien halt besonders, und er wolle sie später in einen Sammelrahmen packen. Aha. Aber was den Altbestand seines Kleiderschrankes betrifft, vergisst er Gott sei Dank alles, und ich kann mich heimlich als Entsorgungsjägerin austoben. Mich wundert nur, wie leicht mein eigentlich penibler und perfektionistischer Mann mir meine (Not!!!-)Lügen abkauft.
»Schatz, ich finde die grünen Socken nicht mehr!«, sagt er. »Weißt du, wo die sind?«
»Keine Ahnung«, erkläre ich, obwohl ich sie vorgestern kurz vor dem Eintreffen des Müllwagens noch schnell zum Abfall gebracht habe. »Die tauchen schon wieder auf!«, füge ich beruhigend hinzu.
Nach zwei Wochen Schweigen zu den Socken kommt wie-

der die Frage: »Liebling, hast du meine grünen Socken gesehen? Ich finde sie immer noch nicht!«
»Nein!«, antworte ich wahrheitsgemäß. »Die hab ich auch schon länger nicht mehr gesehen. Aber die tauchen bestimmt wieder auf! Das ist doch Murphys Law, dass Socken verschwinden. Kannst du dich noch an Spanien erinnern? Der Waschsalon hieß ›Lost socks‹?« Natürlich kann sich Alex daran erinnern. Der Waschsalonbetreiber und er haben sich mindestens zwei Stunden über Fußball unterhalten. Und entsprechend fällt Alex nun auch ein, was der Waschsalonbetreiber damals alles über die spanische Liga sagte. Mit leuchtenden Augen teilt er mir alle seine Erinnerungen über die Fußball-Ligen mit. Minutiös. Wenigstens denkt er danach keine Sekunde mehr an die grünen Socken. Vier weitere Wochen später taucht erneut die Frage auf: »Schatz, wo sind meine grünen Socken? Hast du sie gesehen? Sind die in der Wäsche?«
»Was meinst du mit grünen Socken?«, frage ich unschuldig.
»Ich hatte doch mal grüne Socken. Wo sind die denn abgeblieben?«
»Grüne Socken? Daran kann ich mich gar nicht erinnern.« Grübelnd sieht mich Alex an. Er zweifelt wohl gerade so an seinem Verstand wie ich damals an meinem wegen der vergessenen Lederschuhe.
»Grüne Socken. Die hatten schon Löcher«, sagt Alex.
»Also, ich weiß das nicht mehr … aber wenn sie schon Löcher hatten, dann waren sie eh hinüber. Dann ist es ja auch nicht schlimm, wenn sie verschwunden sind.«
Das überzeugt meinen Mann.
Eine Woche später kommt er freudestrahlend heim: »Schau mal, Schatz! Ich hab mir grüne Socken gekauft. Die waren im Sonderangebot. Fünf Paar für nur 10 Euro!«
Es darf nicht wahr sein! Kurz nachdem ich die ollen – und

nebenbei scheußlichen – Socken so *tricky* entsorgt habe, kauft mein Mann nicht nur ein Paar nach, sondern müllt den Kleiderschrank mit diesem Fünferpack-Sonderangebot erst richtig zu.

»Es darf nicht wahr sein!«, sage ich später zu mir selbst, über was ich mir so alles Gedanken mache. Habe ich nichts Besseres zu tun, als mich über einen Sockenkauf meines Mannes aufzuregen? Das Schlimmste in alldem ist die Erkenntnis, dass ich es eigentlich genau wie meine Mutter mache. Die beschwerte sich schon über eine geschlagene Stunde am Telefon darüber, dass Papa immer diese alten Hosen anzieht, die eigentlich aussortiert gehörten. Nun käme meine Mutter nie auf die Idee, hinter dem Rücken ihres Mannes dessen Dinge einfach wegzuwerfen. Auf so etwas kommen nur Vertreter meiner Generation. Denn während unsere unmittelbaren Vorfahren während der Nachkriegszeit als Kinder noch Hunger litten und es ihr Bestreben war, möglichst viele Nahrungsmittel zu horten oder Besitz anzuschaffen, wuchsen wir in einer Überflussgesellschaft auf, die uns mitsamt ihren Dingen erschlägt. Wir haben das Gefühl, in diesem Meer an Waren zu ertrinken. Wenn wir nicht radikal abspecken, werden wir fett. Im übertragenen und im wortwörtlichen Sinn. Wir werden unglücklich, nicht, weil wir zu wenig, sondern weil wir zu viel haben.

Dabei ist das Glück doch – jenseits von grünen Socken – ganz woanders als im Besitz oder Nichtbesitz zu verorten, auch wenn uns der Zeitgeist glauben machen will, es stecke wahlweise im Überfluss oder im Nichthaben. Aktuell ist Letzteres mal wieder das Nonplusultra. Das Mantra unserer Zeit heißt: Bloß weg von allem Überfluss! Damit kehren wir wieder zu den Vorfahren zurück. Oder doch nicht? Diese ganze Geschichte mit Grüne-Socken-haben-odernicht-haben scheint jedenfalls auch schon vor über zweitausend Jahren umstritten gewesen zu sein, denn folgende zwei Zitate finde ich bei unterschiedlichen antiken Denkern:

»Das Glück wohnt nicht im Besitze und nicht im Golde, das Glücksgefühl ist in der Seele zu Hause.«
*Demokrit (470 bis 380 v. Chr.),
griechischer Philosoph*

»Glücklich die Besitzenden!«
*Euripides (um 480 bis 406 v. Chr.),
griechischer Tragödiendichter*

Biblisches Rätsel

Zählen Sie auch zu den Menschen, die sich oft wünschen, gläubig zu sein, um damit glücklicher zu werden? Bevor Sie einen Geistlichen Ihres Vertrauens konsultieren, lösen Sie zuerst dieses Rätsel:

Was glauben Sie: Wie oft taucht in der Bibel das Wort »Glück« auf?

>Nie
>1 x
>17 x
>Weit über hundert Mal

Auflösung:
Nie!
Denn Religion strebt nicht an sich nach Glück.
Das machen nur wir Menschen der Aufklärung.

Was du heute kannst besorgen, verschiebe lieber doch auf morgen

Ein zuverlässiger Quell permanenter Unzufriedenheit ist das Prokrastinieren. Dabei handelt es sich nicht, wie die erste Assoziation vielleicht vermuten lässt – und wie ich auch zunächst ganz schmutzig dachte –, um ein verwegenes Sexspielchen, sondern um eine zutiefst menschliche Verhaltensweise, die der Dichter Ernst Jandl so beschrieb:

gestern machte ich mir einen tagesplan für heute
heute stehe ich auf und schaue lange nicht darauf
es steht darauf was noch nicht getan ist
und noch heute soll das alles getan werden
und wer soll es sein der das tut diese frage ist nicht gut
und die antwort darauf auch nicht

Da unsere Gesellschaft derzeit gerade danach strebt, möglichst zu simplifizieren, Überflüssiges über Bord zu werfen und das Leben generell zu vereinfachen, werde ich mir weiterführende Erklärungen sparen und den Begriff ganz einfach so übersetzen: Prokrastinieren heißt nichts anderes als Aufschieben. Es klingt nur weitaus besser als der seit Generationen überlieferte Spruch »Was du heute kannst besorgen, das verschiebe nicht auf morgen«.
In unsere Familie schlich sich dieses so harmlose Verb prokrastinieren in verschiedenen Kostümierungen langsam ein. Man merkte das an Sätzen wie:
»Der Keller müsste mal wieder aufgeräumt werden.«
»Die Markise gehört geölt.«

»Die Kinderzimmer sind zur Rumpelkammer verkommen.«
»Seit dem Einzug hängt immer noch diese provisorische Lampe im Schlafzimmer.«
»Die stillgelegte Lebensversicherung muss endlich mal wieder aktiviert werden.«
In mein »privates« Leben (also das ohne Familie) schlich sich das harmlose Verb superhinterhältig ebenfalls in verschiedenen Verkleidungen im Laufe der Jahre in die To-do-Liste ein:
»Brief an Tante Elvira.«
»Schlüssel nachbestellen.«
»Scheidungsvoraussetzungen recherchieren.«
»Küchenfrontenlackierung nachfragen.«
»Dermabrassion googeln.«
Nun ist es nicht so, dass ich meine tägliche To-do-Liste nicht halbwegs abarbeiten würde – aber manche Dinge bleiben darauf so hartnäckig stehen, dass es weder nützt, sie auf einen Jahresplan zu übertragen, noch, sie mit einer Priorität ersten Grades zu versehen. Im Falle von »Brief an Tante Elvira« blieb mir nach gefühlt zwanzig Jahren nichts anderes mehr übrig, als den Punkt zu streichen. Die ungeliebte Großtante war urplötzlich verstorben. Im Nachhinein kann ich mein offensichtliches Desinteresse damit entschuldigen, dass mit zwei kleinen Kindern manchmal wirklich null Zeit mehr blieb, außer für das Überlebensnotwendige. Und dazu gehörte sicher nicht ein Brief an die Tante. Aber die Kinder sind nun schon länger so groß, dass sogar wieder Luft für ein tägliches Sudoku ist. Bloß auf dieser Liste bleiben alle möglichen Dinge stehen.
Neulich habe ich mir die Liste vorgeknöpft und alles gestrichen, was nicht wirklich wichtig ist. Übrig blieb nur: »Scheidungsvoraussetzungen recherchieren.« Schließlich will ich beim nächsten Streit mit Alex wissen, was eigent-

lich wäre, wenn ich mich wirklich trennen wollte. Zwar habe ich das selbst nach dem erbittertsten Streit nicht ernsthaft vor, aber mein Plus an Lebensjahren hat mich gelehrt, dass es nichts Besseres gibt, als über Ungewissheiten Bescheid zu wissen, um dann – je nach Faktenlage – abwägen zu können. So waberte früher etwa in meinem Kopf herum, dass mir nach einem Ladendiebstahl womöglich Gefängnis drohen könnte. Deshalb war ich an der Kasse bisweilen nervös – habe ich auch wirklich alles aufs Band gelegt und nichts vergessen? Seitdem ich weiß, dass zwischen einem ersten Ladendiebstahl und Knast mindestens so viele Hürden liegen, wie ich heute an Lebensjahren zähle, bin ich deutlich entspannter. Meine Überlegungen haben damals natürlich nicht zum Klauen verführt, ebenso wenig wie die Scheidungsrecherche mich zu einer Trennung verführen würde – aber das schiere Wissen, was auf mich zukommen könnte, räumt den Kopf beruhigend frei, um sich über Wichtigeres Gedanken zu machen.
Wie zum Beispiel über die täglichen To-do-Listen und das damit verbundene Prokrastinieren. Denn bei manchen Evergreens auf meinem Zettel konnte ich zwar einschreiten, aber die »tagespläne« von Jandl kriege ich ebenso wie er nicht gebacken. Das heißt: Ich scheitere täglich, *täglich!*, an deren Erfüllung, weil ich täglich, und zwar täglich, doch immer wieder etwas aufschiebe.
Irgendwann war ich einmal so weit, dass ich am Vorabend auf die To-do-Liste für den nächsten Tag schrieb: 1. P (= Priorität): Nur Realistisches eintragen. Gesagt, getan. Ich speckte in vorauseilendem Gehorsam ab, was vermutlich zu viel sein und was ich daher ohnehin nie schaffen würde an einem einzigen Werktag. Aber was passierte? In Anbetracht der abgespeckten Liste leistete ich mir nicht nur ein Sudoku, sondern sogar drei. Nach dem Motto: Ich habe

jetzt ja Zeit, es ist nicht mehr alles so dicht, ich kann ja später noch ... Setz dich doch nicht so unter Druck ... etc. p.p. Das Ende vom Lied war die Erkenntnis, dass es ganz egal ist, wie viel ich nun halbwegs realistisch auf die Liste setzte oder nicht. Ich erledigte nichts schneller oder effizienter, wenn die Liste kürzer war. Ich kalkulierte unbewusst-bewusst mit dem vermeintlich größeren Zeitrahmen, der mir zur Verfügung stand. Oder besser: den ich mir zugestand. Am Ende hatte ich den gleichen Druck und ein ebenso schlechtes Gefühl, weil ich nicht alles geschafft hatte und vieles doch wieder auf morgen verschieben musste.
Es schien fast so, als wollte ich mir mit der Liste eine Existenzberechtigung auch für den nächsten Tag verschaffen. Schnell mal eben noch einen geistigen und bisweilen auch körperlichen Sprint auf die Agenda setzen, um mir zu beweisen, was ich noch alles schaffen kann. Sprint? Leistung? War ich denn ein Mann, der sich darüber definierte? Das musste ich gleich auf die Liste setzen, damit ich nicht vergaß, mir darüber Gedanken zu machen.
Irgendwann stand nicht einmal mehr diese Überlegung auf meiner To-do-Liste. Ich wurschtelte prokrastinierend einfach weiter wie bisher, mal mehr, mal weniger gestresst. Vielleicht sollte ich mich damit abfinden, dass das ewig so weitergeht?
Doch halt, was lese ich da? Die *Süddeutsche Zeitung* schreibt über die Vorteile des Prokrastinierens! Es entspanne uns unglaublich. Es sei menschlich. Es sei gut. Wir sollten bloß zu unterscheiden wissen, ob wir etwas aus Angst oder Faulheit aufschieben. Faulheit gehe vollkommen klar. Furcht sei hingegen bedenklich, denn das Prokrastinieren erhöhe dabei noch den Angstfaktor. Na, dann passt ja alles. Ich bin ein Faultier, aber kein Angsthase.

Warteschlangen und andere Schicksalsschläge

Hochsommer, Freitagabend: Ich bin mit meiner Freundin Dorothee vor einem Münchner Biergarten verabredet, und ich muss mich beeilen, denn Dorothee ist immer auf die Minute pünktlich. Sie würde mir eher verzeihen, ein Nacktfoto von ihr auf Facebook zu posten, als sie warten zu lassen. »Gutes Zeitmanagement«, so lautet das Lebensmotto meiner 52-jährigen, quirligen Freundin. »Anders hätte ich das alles gar nicht geschafft.«

»Das alles« heißt: Sie hat zwei Kinder alleine großgezogen und es nach einem Dolmetscherstudium noch zur Abteilungsleiterin in einer Versicherungsgesellschaft gebracht. »Organisation ist alles!«, erklärt Dorothee gerne stolz. Gemütlichkeit sei etwas für Rentner oder faule Familienväter – und nebenbei auch für die meisten ihrer Kollegen, über die sie mit Vergnügen lästert.

Kindererziehung und Job unter einen Hut zu kriegen, ist ein Kunststück für sich. Wenn frau dann aber noch eine kleine Karriere hinlegen will, ist das mehr als ein Kunststück. Kein Wunder, dass 39 Prozent der Alleinerziehenden auf Grundsicherung angewiesen sind, fünfmal mehr als Paarfamilien, weiß Dorothee. Das Pensum, das Alleinerziehende stemmen müssen, bringt viele an ihre Grenzen. Dorothee sagt, das liege auch daran, dass es für so etwas höchste Managementkünste brauche, die viele nicht haben. Dorothee ist eine jener Personen, die im Supermarkt sofort

rufen: »Zweite Kasse, bitte!«, wenn mehr als drei Leute anstehen. Zeitersparnis sei eine wichtige Säule in Sachen Managementkunst. Wie das geht, erzählt sie mir immer wieder: So eilt sie in der Mittagspause aus dem Versicherungsgebäude, um im nächsten Supermarkt schnell Lebensmittel zu besorgen. Eigentlich würde sie ja lieber im Bioladen einkaufen, aber der liegt zwanzig Gehminuten entfernt. In ihrer kostbaren, aber begrenzten Mittagsfreizeit würde ein Ökoeinkauf bedeuten, anschließend nicht mehr zum Essen zu kommen. Und darauf will die rundliche Dorothee nicht verzichten. Sie hadert zwar mit ihrem Gewicht, entscheidet sich aber meistens doch für ein schmackhaftes Mittagessen – sonst habe sie ja schließlich wenig, was sie in ihrem Leben genießen könne. Ja, wenn sie einen Partner hätte, dann würde sie sicher von alleine abnehmen. Aber wahrscheinlich kriege sie erst gar keinen Partner, weil sie zu rundlich sei.
»Quatsch!«, entgegnete ich ihr schon mehrmals. »Männer stehen doch auf Kurven.«
Dorothee lässt sich nicht beirren. Beim Management ihres harten Lebens als »Ein-Familie« – so glaubt sie – bleibe zwangsläufig einfach etwas auf der Strecke: Ausgehen, Flirten und sich nach einem neuen Partner umgucken. Karriere *und* Kinder – da sei kein Haarspalt mehr Platz für einen Kerl. Verheiratete oder Kinderlose oder Jüngere mit emanzipierten Männern hätten leicht reden, denn die würden unterstützt. Und Männer ... ach ... über die könne sie nur lachen! Keinen ihrer männlichen Kollegen habe sie jemals in der Mittagspause abgehetzt beim Einkauf gesehen. Die genehmigten sich in aller Ruhe als »Auszeit« ein Essen beim Italiener, Asiaten oder in der Salatbar um die Ecke. Wohingegen sie seit Jahren in der Mittagspause noch extra alles besorge, denn abends oder gar freitags sei die Warte-

schlange doppelt so lang. Und wie gesagt, Zeitmanagement ist alles!

Wenn ich dann zaghaft einwerfe, dass die Kinder doch inzwischen schon ausgezogen sind und studieren, kann Dorothee sofort eine weitere Begründung für ihren Mittagspausenstress liefern: Die Kinder kämen ja immer wieder spontan zu Besuch, und darauf möchte sie vorbereitet sein. Wenn es um Nahrung geht, bleiben Kinder Kinder, und Mutter bleibt Mutter, ganz egal, wie groß die Kleinen sind. Und, na ja, für sich selbst habe sie auch ganz gerne einen Vorrat daheim. Schließlich tröstet Schokolade die Seele doch nachweislich. Eine Flasche Wein gehört sowieso immer ins Haus, falls überraschend Gäste kommen. Kurzum: Wenn das Leben nicht so viele andere Genüsse zu bieten hat, soll wenigstens immer die kulinarische Basis stimmen!

Was das angeht, hat Dorothee ein perfektes System ausgetüftelt. Im Hochsommer reserviert sie einen Bürokühlschrank zur Hälfte für sich, in dem sie die eingekauften Lebensmittel bis zum Feierabend zwischenlagert. Manchmal freut sie sich diebisch darüber, dass die anderen Kolleginnen (auch da seien selten die Männer unterwegs, zumindest nicht die mit einer Partnerin), die jetzt erst losziehen, nun doppelt so lange an der Kasse anstehen müssen.

So wie ich heute. Wir haben kein Konzept für unsere Einkäufe, sie verlaufen nach völlig chaotischen Mustern. Mal kauft mein Mann ein oder meine Kinder oder ich, und ständig fehlt etwas, vor allem nachts um drei Uhr Schokolade. Wie oft telefonieren wir dem jeweils Einkaufenden hinterher, um schnell noch etwas Dringendes nachzumelden. Oder gleich, um den ganzen Einkaufszettel durchzugeben, weil der natürlich auf dem Küchentisch liegengeblieben ist. Stimmt schon, das kostet Zeit und Nerven. Vielleicht sollte ich mir an Dorothee ein Beispiel nehmen und einen Wocheneinkaufsplan mit meiner Familie erstellen?

An all das denke ich, während ich ganz schnell zum Biergarten radle, um nur ja pünktlich zu sein. Dorothee steht schon am Eingang, und wir ergattern mit etwas Glück einen Schattenplatz im dichtbesetzten »Geheimtipp« Münchens. Wobei – Glück trifft es nicht ganz. Es ist natürlich meiner Freundin zu verdanken, dass wir unter einer Kastanie zum Sitzen kommen. Als sie sieht, dass in weiterer Ferne gerade zwei Leute aufstehen, stürzt sie sofort los. Ich hätte das in dem ganzen Gewimmel übersehen, aber Dorothee ist einfach fix und hat Adleraugen. Sie kommt gerade noch rechtzeitig vor zwei anderen Frauen an den Tisch und zwinkert mir vor Freude über ihren Sieg begeistert zu.

Wir setzen uns neben zwei Männer unseres Alters, die uns freundlich grüßen. Wobei Dorothees Sitznachbar nicht bloß freundlich grüßt, sondern fortan kaum mehr die Augen von ihr lassen kann. Jeans, weißes Hemd, ganz kurze Haare, leicht abstehende Ohren – genau Dorothees »Kragenweite«, wie sie mir mal gestanden hat. Es folgen ein kurzer Smalltalk über das tolle Biergartenwetter, eine schüchterne Geste von Dorothees Nachbarn, und als dann noch ein paar kleine rote, hektische Flecken an Dorothees Hals auftauchen, bin ich mir sicher: Das wird ein spannender Abend. Ich müsste mich gewaltig irren, wenn da nicht längst ein Funke übergesprungen wäre.

Dorothee will Essen und Trinken für uns holen und bietet unseren Tischnachbarn an, ihnen auch gleich noch etwas mitzubringen. »Ich muss mich ja ohnehin anstellen ...« Vor der Kasse hat sich eine Warteschlange mit geschätzt fünfzig Leuten gebildet. »Wie können die an einem Freitagabend und bei diesem Biergartenwetter nur eine von drei Kassen öffnen?«, schimpft Dorothee kopfschüttelnd in die Runde, bevor sie loseilt.

Für einen Moment habe ich ein schlechtes Gewissen: Hätte ich nicht besser Getränke und Essen holen sollen? Schließlich bin ich glücklich verheiratet und nicht auf der Suche nach einem Mann. Dorothees »Kragenweite« versucht ganz nebenbei, mich auszuhorchen: »Wo sind denn eure Männer?« Ich kläre ihn bereitwillig über unseren jeweiligen Familienstand auf. Und versuche meinerseits, ihn beiläufig auszuhorchen. »Und wo ist Ihre Frau?«

Volltreffer! Der Typ ist geschieden und ebenfalls alleinerziehend, inzwischen seien die Kinder aber aus dem Haus. Ich wäre am liebsten sofort aufgesprungen, um Dorothee die Neuigkeiten zu stecken. Aber das wäre zu auffällig gewesen. Dann kommt mir die zündende Idee: Ich schicke Dorothee eine SMS!

Aber wo bleibt die eigentlich? Sie scheint mir schon eine gefühlte Stunde weg zu sein. Ich rede mit unseren Nachbarmännern über dieses und jenes und warte auf Wurstsalat, Bier, Brezen – und Dorothee. Mit den Augen suche ich die Warteschlange ab, aber meine Freundin ist nirgends zu entdecken. Ah, doch, sie steht vor der zweiten Kasse, schaut grinsend auf ihr Handy und wartet. Vermutlich hat man ihr versprochen, dass diese Kasse gleich aufmacht. Und jetzt kommt auch schon eine Kassiererin. Prima, gleich können wir essen und trinken. Doch da scheint etwas nicht zu funktionieren. Ich sehe die Kassiererin achselzuckend den Schlüssel aus der Kasse ziehen und an einem Stecker ruckeln. Offenbar funktioniert die Elektronik nicht.

Dorothee schüttelt schnaubend den Kopf und stellt sich missmutig am Ende der Warteschlange der ersten Kasse an. Sie deutet mir mit einer zornigen Geste an, wie sehr sie sich ärgert. Eine Frau wie Dorothee, deren Alltag so durchge-

taktet ist, muss es wahnsinnig machen, noch mal anzustehen und zu warten, speziell, wenn an einem Tisch genau ihr Typ Mann sitzt.
Dort üben auch wir uns in Geduld, immer öfter schauen alle zu Dorothee. Hunger und Durst nehmen zu. Meine Freundin ist nun bald an der Reihe, nur noch zwei Leute vor ihr. Doch – es darf nicht wahr sein – eine Minute später gibt nun offenbar auch die Elektronik der ersten Kasse den Geist auf. Ein freundlicher Herr versucht, alle zu beruhigen, und öffnet die dritte Kasse, alle strömen zu ihr, um dort erneut anzustehen, Dorothee drängt wütend mit und gerät dabei offenbar mit einem Mann in eine Auseinandersetzung, ich höre etwas von »Vordrängeln«. Dorothees Gesicht ist rot vor Wut angelaufen, sie streitet sich mit dem Mann, deutet auf die beiden Kassen, an denen sie schon angestanden hat, und kreischt nun so laut, dass es bis zu unserem Platz zu verstehen ist: »Was für ein Scheißladen, was für ein Saftladen, unfähig, alle!« Der Mann neben ihr weicht erschrocken ob dieses Ausbruchs zurück, legt dann aber offenbar noch eine Schippe nach, denn nun rastet Dorothee vollends aus. Sie schreit laut: »Ihr könnt mich alle mal! Hier vergeude ich doch nicht meine kostbare Zeit und bezahle noch dafür!« Wutentbrannt wirft sie das ganze Tablett auf den Boden. Jetzt erröte ich, Gott sei Dank wissen nur die Männer neben mir, dass ich zu dieser Frau gehöre. Mir scheint, dass alle Biergartengäste zu Dorothee blicken. Die Freundin ist außer sich, dreht sich nicht mehr um, guckt nicht mehr zu mir, sie schreitet schnurstracks auf den Ausgang zu.
»Schade«, höre ich Dorothees »Kragenweite« sagen. »Sie wäre genau mein Typ gewesen.«
»Entschuldigung!«, höre ich mich sagen, packe meine Tasche und eile Dorothee nach. Doch im Gewimmel verliere ich sie (ich habe keine Adleraugen) und suche wider besse-

res Wissen (sie wird nicht mehr umgekehrt sein) vergebens noch einmal den ganzen Biergarten nach ihr ab. Dabei registriere ich, dass nun plötzlich alle drei Kassen geöffnet sind, sich jemand über Lautsprecher entschuldigt, dass die Elektronik ausgefallen sei, aber nun alles im normalen Betrieb weitergehen könne. Jeder bekäme für den Ausfall ein Freibier.
Dorothee ist weg, der Abend ist futsch, und auf eine SMS reagiert meine Freundin auch nicht mehr. Alleine werde ich nicht dableiben, ich bin ja glücklich verheiratet, und zufälligerweise haben wir einen Schokoladenvorrat daheim.
Ich radle nach Hause, und ich gehe früh ins Bett. Doch nachts um zwei Uhr klingelt das Telefon. Dorothee. Heulend. Sie wisse schon, dass sie zur Unzeit anriefe. Ob ich trotzdem kurz Zeit hätte? Sie sei völlig verzweifelt. Da treffe sie einmal in ihrem Alter genau ihre Kragenweite, und dann zerstöre ihr das Schicksal alles. Alles. Wie schon immer in ihrem Leben. Immer kämen die anderen zuerst, drängelten sich vor, und sie hätte das Nachsehen. Ich lasse Dorothee reden und ausweinen, ehe ich zaghaft einwende, ob sie vielleicht nicht auch ein klein wenig Anteil an diesem Schicksal habe. Schweigen am anderen Ende der Leitung. Schließlich: »Du meinst also, ich sei verantwortlich für die Kassenelektronik eines Biergartens?«
»Nein, aber ...« Puh. Nachts um zwei Uhr habe ich keine Lust, das Schicksal näher zu erörtern oder gar zu erwähnen, dass am Ende alle drei Kassen funktionierten, es Freibier wegen des Ausfalls gab und wir uns am Tisch köstlich darüber hätten amüsieren können. Ich schlage deshalb vor, uns bald mal wieder zu treffen, am besten, wir gehen mal wieder in den Biergarten, einen anderen natürlich.
Nach einem Temperatursturz sitzen wir am nächsten Freitagabend frierend an einem der vielen freien Tische eines

Biergartens. Kein Gedränge, kaum Menschen und schon gar keine »Kragenweite« in Sicht. Wurstsalat und Bier haben wir uns in zwei Minuten besorgen können. Dorothee wirkt unglücklich. Ich frage nach und erfahre, dass das Schicksal schon wieder zugeschlagen und sie einfach immer Pech habe. Welches Schicksal? »Na, das Wetter!«

Je ne regrette rien

Non, rien de rien, non, je ne regrette rien ...«, heißt eine Zeile aus dem berühmtesten Chanson von Edith Piaf. Der Song wurde am 10. November 1960 mit dem Orchester Robert Chauvigny in den Pariser Pathé-Marconi-Tonstudios der EMI aufgenommen. Am 30. Dezember 1960 trug Piaf das Chanson zum ersten Mal öffentlich vor. Bis Ende 1961 wurden allein in Frankreich eine Million Platten des Titels verkauft, und die Sängerin blieb insgesamt – mit Unterbrechungen – für 21 Wochen auf Rang eins der französischen Hitparade.
Warum wurde ausgerechnet dieses Chanson so erfolgreich? Gute Frage. Sie mögen jetzt ganz zu Recht einwenden, dass sich großer Erfolg nicht so einfach erklären lässt. Viele Faktoren spielen eine Rolle: Es kann sich um eine wirkliche künstlerische Meisterleistung handeln, man kann damit den Geschmack des Mainstreams exakt treffen, oder vielleicht auch einfach nur eine Portion Glück dabei haben, wie das Glück, zur richtigen Zeit am richtigen Ort aufgetreten zu sein.
Der wichtigste Faktor ist vermutlich jedoch, mit einem Lied ein Gefühl wahrhaftig ausgedrückt zu haben. Gerade in der Musik, die sich dem Verstand mehr als andere Künste entzieht, werden wir von einem *feeling* berührt, in dem wir uns wiedererkennen. Sei es nun eine Schnulze oder eine große Arie. Jenseits von U und E lassen wir unsere Seele zu den Takten mitschwingen. Und gerade weil wir die »musikalischen Gefühle« nicht mit Worten beschreiben können, drücken sie doch eine Wahrheit aus: dass es Teile unseres

Lebens gibt, für die wir manchmal keine Worte zur Verfügung haben – aber Melodien und Takte.

Im Fall von »Je ne regrette rien« kommt noch etwas hinzu: Edith Piaf nahm das Lied auf, als sie schwerkrank war und nicht mehr ans Überleben glaubte. Die Künstlerin legte im Angesicht des Todes eine Bestandsaufnahme ihres Lebens vor. Komposition und Text stammten zwar nicht von ihr, aber es ist bezeichnend, dass man ihr Text und Melodie schon Jahre zuvor angeboten, sie seinerzeit jedoch abgelehnt hatte. Erst auf dem mutmaßlichen Sterbebett (Piaf überlebte dann wie durch ein Wunder doch) nahm sie den Vorschlag an. Am »non« und dessen Häufigkeit musste noch etwas gefeilt werden – aber die Innbrunst, mit der Edith Piaf im Dezember 1960 das Chanson vortrug, verdankt sich wohl der Tatsache, dass sie dem Tod schon ins Auge geblickt hatte.

»Je ne regrette rien« – warum aber berührte umgekehrt das Chanson auch so viele Hörer, dass die Schallplatten wie wild gekauft wurden? Die wenigsten hatten wohl selbst eine ähnliche Todeserfahrung gemacht – aber die meisten denken wohl damals wie heute unbewusst darüber nach, was das Leben eigentlich ausmacht, was wir tun sollten, damit wir am Ende nichts bereuen. Im Alltag gefangen, »bereuen« wir zwar nachts um drei Uhr eine Tafel Schokolade gegessen, ein Konzert versäumt oder eine fürchterliche Weihnachtsfeier besucht zu haben. Aber werden wir uns auf dem Sterbebett daran erinnern? Wird das dann noch wichtig sein?

Die Frage nach dem Ende ist keine abstrakte, denn sie beantwortet vice versa vor allem, wie wir heute glücklich werden können. Denn so viele Fragen auch strittig sind – wir Heutigen können uns im Minimalkonsens darauf einigen, dass wir unser Leben als möglichst glückliche Abfolge von einzelnen Tagen gestalten wollen. Wir verorten normalerweise Glück nicht in einem späteren Leben im Himmel, in einer Aufopferung für andere oder in einer rein hedonistischen Tagesgestaltung mit Dauerparty, sondern als eine Mischung aus Lebenslust und Verantwortung, mit der wir glücklich werden. Möglichst jede Minute, jede Stunde, jeden Tag, jedes Jahr.

Wenn Edith Piaf schmettert: »Je ne regrette rien«, hat sie für sich offenbar genau die richtige Mischung gefunden. Die eine mag asketischer sein, die andere sinnlich orientierter. Hauptsache, für frau selbst stimmt die Mischung. Vielleicht ist es das Selbstbewusstsein beim Vortrag der Piaf, das uns so berührt. Diese Frau, die von der Mutter im Stich gelassen wurde, deren Vater Alkoholiker war, die neben Puffs lebte und alle Höhen und Tiefen des Showgeschäfts durchmachte, diese Frau, die der Krebs schon zerfraß, machte sich auf und legte die Wahrheit ihres Lebens in ein Chanson.

»Je ne regrette rien«: So möchte wohl jeder sterben – und sollte deshalb auch entsprechend leben.

Kopfkino

Kennen Sie den Film »Lola rennt«? Der deutsche Produzent und Regisseur Tom Tykwer nahm bei diesem Streifen die Erzählstruktur eines anderen Films auf: »Der Zufall möglicherweise« des polnischen Filmemachers Krzysztof Kieślowski.
Was ist Zufall? Was ist Schicksal? Dieser Frage wird in beiden Filmen nachgegangen. Kann ein kleiner Zufall mein ganzes Leben ändern? Oder ist doch alles Schicksal, egal, welche Zufälle passieren? Tom Tykwer zeigt in seinem preisgekrönten Film, wie nur einige Sekunden, nur scheinbar »kleine« andere Entscheidungen, das weitere Leben dramatisch verändern. In dem Streifen aus dem Jahr 1998 mit Franka Potente und Moritz Bleibtreu in den Hauptrollen wird dreimal dieselbe Zeitspanne von zwanzig Minuten gezeigt, jedes Mal mit kleinen Detailunterschieden, die die weitere Handlung entscheidend in verschiedene Richtungen beeinflussen. Sie führen wahlweise zum Tod durch Unfall oder Erschießen der Hauptfiguren und zu entscheidenden Lebensänderungen der Nebenfiguren.
Tom Tykwer hat in diesem Film dramatisch zugespitzt, was jede(r) von uns in Variationen kennt: Was wäre eigentlich passiert, wenn ich damals meinen Mann nicht zufällig auf einem Konzert kennengelernt hätte? Hätte ich einen anderen Partner gefunden? Hätte ich Kinder? Was wäre eigentlich passiert, wenn ich damals vor dreißig Jahren nicht den Bus verpasst hätte, weil meine Mutter noch angerufen hatte, weshalb ich auf dem Weg zur U-Bahn Dorothee kennenlernte? Wie hätte ich meinen größten Liebeskummer

ohne Dorothee, die schnell zu meiner besten Freundin wurde, überlebt? Und was wäre aus Dorothee und mir geworden, wenn wir später nicht ins gleiche Viertel gezogen wären, nachdem wir uns nach einem gehörigen Krach aus den Augen verloren hatten? Und wie schließlich wäre mein Leben weiter verlaufen, wenn anno 1999 mein Chef die Firma nicht durch eine sehr gewagte Spekulation gerettet hätte? Hätte ich – arbeitslos und in wirtschaftlicher Unsicherheit – überhaupt ein zweites Kind bekommen? Und hätte ich heute so ein gutes Verhältnis zu meiner Mutter, wenn mir nicht erst das zweite Kind die Augen geöffnet hätte für deren Erziehungsleistung?

Fragen über Fragen, die niemand ernsthaft beantworten kann. Meine Mutter würde sie abtun mit dem alten Spruch: »Wenn der Hund nicht geschissen hätt ...« Für unsere Familie ist dieser Satz eine Art Variation der Lola, denn wäre mein Großvater damals nicht in die Hundekacke getreten und hätte laut geflucht, wäre meine Oma nicht auf ihn aufmerksam geworden, und es gäbe in der Folge weder meine Mutter noch mich.

Interessant am »was wäre, wenn« ist im Grunde nicht die tatsächliche Beantwortung der Frage, sondern die Frage als solche: Zufall oder Schicksal? Deshalb mögen Künstler diese Frage, während Wissenschaftler und Philosophen sie meist wie der Teufel das Weihwasser meiden. Mit Ausnahme von Mathematikern, die dem Phänomen (nicht der konkreten Beantwortung der Fragen!) unter den Begriffen »Sensible Abhängigkeit« oder auch »Schmetterlingseffekt« nachgehen.

»Sensible Abhängigkeit« hätte ich zwar eher Paarbeziehungen und nicht der Mathematik zugeordnet. Aber der Schmetterlingseffekt ist uns allen schon einmal begegnet, in Form des berühmten Sacks Reis, der in China umfällt und

unser Wetter beeinflusst – grob vereinfacht gesagt. Die Chaostheorie geht solchen Phänomenen nach, und Meteorologen wissen ein Klagelied davon zu singen. Das Wetter für die nächsten Tage lässt sich heute nahezu perfekt bestimmen (anders als noch vor zwanzig Jahren), aber ob nun örtlich ein Gewitter auftritt oder nicht, kann man so genau immer noch nicht sagen. Ein Schmetterling kann tatsächlich Wolken so lenken, dass die Sonne weiter scheint oder es am Himmel kracht und alle jäh das Open-Air-Konzert verlassen müssen, um nicht vom Blitz erschlagen zu werden.
Die Frage nach dem »Was wäre, wenn« ist eine unbeantwortbare philosophische. Sie beschäftigt uns, taucht bisweilen wie ein Windhauch auf, verzieht sich wieder, und wir beantworten die nächste geschäftliche Mail, kochen das Abendessen, schlichten Streit unter den Kindern und regen uns über Politiker auf, ohne dieses »Was wäre, wenn« weiter zu verfolgen. Ganz zu Recht. Denn wohin sollte das auch führen?

Was uns allerdings meist nicht so klar ist: Wir bauen die »Was wäre, wenn«-Fragen auch in den Alltag ein, mehr, als uns lieb ist. Wer einmal das Augenmerk darauf gerichtet hat, dem wird der Lola-Effekt immer wieder auffallen. Wir wiederholen zwar keine Szenen, aber wir dramatisieren nach dem gleichen Muster unsere Gedanken.
Das ist Ihnen zu abstrakt und nur behauptet? Okay! Dann variiere ich hier mal eine klassische Szene zwischen mir und meinem Mann.

Die Ausgangsszene:

Ich stehe an einem milden Mittwochabend im Mai mit meinem Mann an der Kücheninsel, und wir bereiten gemeinsam das Abendessen zu. Beide haben wir einen anstrengenden Arbeitstag hinter uns. In den Jugendzimmern wird angeblich gerade gelernt, obwohl ich mir nicht sicher bin, ob Lukas das Internet nicht zur Recherche, sondern vielmehr zum Gamen benutzt und Eva über WhatsApp nicht anderes als die jüngsten Geo-Aufzeichnungen austauscht. Alex richtet den Salat an, ich brate das Fleisch in der Pfanne. Das Festnetztelefon klingelt.

ALEX Gehst du ran?
ICH Ganz schlecht gerade, du siehst doch, das Fleisch ...
ALEX Ist doch bestimmt deine Mutter!
ICH Wie? Mama ruft nie an um diese Uhrzeit, sie weiß doch, dass wir da kochen!

Episode eins:

In meinem Kopf beginnen folgende Gedanken zu laufen: Meine Mutter ruft nie um diese Zeit an, weil sie im Gegensatz zu deiner Mutter weiß, wann Familienzeit ist und wann man anrufen kann und wann nicht. Deine Mutter hat schon ganz oft während des Kochens angerufen. Total unsensibel und rücksichtslos. Typisch für diese Egoistin. Und weißt du was, mein Lieber? Von ihr hast du das! Du bist wie sie! Wie kannst du nur, während ich Fleisch anbrate und du nur den Salat herrichtest, fragen, ob ich rangehen kann? Du siehst doch nur dich! Du glaubst wahrscheinlich sogar den Quatsch, dass sich unsere lieben Kleinen jetzt in diesem Moment auf die Schule vorbereiten. Weil du nur dich selbst siehst. Typisch. So wie du meinen 27. Geburtstag damals auch einfach komplett vergessen hast.

ALEX Hallo? Wieso krieg ich keine Antwort? Bist du geistig überhaupt anwesend? Was ist denn nun? Soll ich rangehen?
ICH Und ob! Das ist das mindeste!
ALEX Wieso das mindeste? (*Geht Richtung Telefon, dreht sich noch einmal um.*) Was ist denn plötzlich los?
ICH Nichts!
ALEX (*bleibt stehen, das Telefonläuten nervt ihn sichtlich*) Mensch, bist du verbiestert!
ICH (*empört*) Verbiestert?

Lukas und Eva kommen aus ihren Zimmern.

LUKAS/EVA (*gleichzeitig*) Könnt ihr denn nicht ans Telefon gehen?

Das Telefon hört plötzlich auf zu klingeln.

ICH Ach ja? Während wir euch hier bekochen, sollen wir auch noch die Telefonvermittlung geben?
LUKAS Was ist denn mit dir los, Mom? Bist du jetzt in den Wechseljahren und wirst zum Biest?

Tief gekränkt packe ich die Bratpfanne und schmeiße sie samt Inhalt durch das geöffnete Küchenfenster. Wut, Tränen, Verzweiflung.

ICH (*laut schreiend*) Ihr könnt mich alle mal! Ich haue ab! Alles die gleiche Bagage! Alles Egoisten! Und das alles kommt von deiner Mutter, Alex! Ich lass mich hier doch nicht ewig verarschen! Die Kinder sind schon so missraten wie du! Schau sie dir doch an!

Entsetzte Gesichter, ich stürme ins Schlafzimmer, packe schnell die nötigsten Dinge und ziehe fürs Erste in ein Hotel.

Episode zwei:

In meinem Kopf beginnen folgende Gedanken zu laufen: Ah, Alex hat dran gedacht, dass mein Vater auf Reisen ist und deshalb meine Mutter anruft. He, wie aufmerksam! Das war er nicht immer – kein Wunder, bei dieser seiner Mutter, die so eine Egoistin ist. Da erstaunt es richtig, wie der Mann sich doch so toll entwickeln konnte. Seine Mutter wollte ja immer, dass er sich ständig mit ihr beschäftigt, kein Wunder, dass er manchmal so unaufmerksam ist. Aber bei dieser Familiengeschichte muss ich ihm das wirklich verzeihen. Eigentlich ist Alex ein richtig toller Mann, und ich habe so ein Glück, dass wir uns gefunden haben!

ALEX Hallo? Wieso krieg ich keine Antwort? Bist du geistig überhaupt anwesend? Was ist denn nun? Soll ich rangehen?
ICH Ja, gern, ich übernehme, wenn ich vom Fleisch wegkann. Es wird schon meine Mutter sein, du hast recht.
ALEX *(geht Richtung Telefon, dreht sich noch einmal um)* Was ist denn plötzlich los? Warum schaust du so?
ICH *(verliebt dreinblickend)* Ähm … eigentlich nichts … aber ich liebe dich!
ALEX *(kommt auf mich zu, das Telefon läutet weiter, er um-*

armt mich, und wir küssen uns) Du bist eine wunderbare Frau!

Lukas und Eva kommen aus ihren Zimmern.

LUKAS/EVA *(gleichzeitig)* Könnt ihr denn nicht ans Telefon gehen?

Alex und ich lösen uns voneinander. Das Telefon hört plötzlich auf zu klingeln.

ICH Und warum geht ihr nicht mal ran?
ALEX Während wir euch hier bekochen, sollen wir auch noch die Telefonvermittlung geben?
LUKAS Unfair! Das ist sicher die Oma gewesen, für euch! Nicht für uns!
ICH Die würde sich auch freuen, wenn ihr ein paar Takte mit ihr redet. Aber lasst mal gut sein. *(grinsend)* Tut weiter so, als ob ihr lernen würdet.
EVA Was ist denn mit dir los, Mom? Wieso bist du plötzlich so entspannt?
LUKAS Sister, schau dir die zwei doch mal an, oder bist du zu doof, dir auf das Geknutsche vorhin einen Reim zu machen? Die schauen aus, als würden sie gleich ins Schlafzimmer verschwinden!

Eva kneift ihren Bruder, alle lachen, Alex scherzt mit.

ALEX Okay, dann kocht ihr mal hier weiter, und wir … ähm … ruhen uns im Schlafzimmer aus.

Die Kinder eilen schleunigst davon. Alex und ich lächeln uns verschwörerisch an, ehe wir weiterkochen.

Episode drei:

In meinem Kopf beginnen folgende Gedanken zu laufen: Klar, Alex denkt nur daran, dass ich für die sozialen Kontakte zuständig bin. Er hat leicht reden als Mann, dem der Rücken für die Karriere frei gehalten wird. Okay, er beteiligt sich am Haushalt und lässt sich nicht die Pantoffeln bringen, wie sein Vater. Aber wenn es darauf ankommt, stecke ich immer für die Familie zurück. Kümmert er sich jetzt vielleicht darum, dass die Kinder keine Hausaufgaben machen? Wenn ich da nicht ständig hinterher wäre, hätten sie nur noch schlechte Noten. Die Emanzipation ist auf halbem Weg steckengeblieben – Männer machen immer noch auf Kosten der Frauen Karriere. Wer ist denn ein weiteres Treppchen im Büro hinaufgestiegen? Alex oder ich? Eben! Die vielen Jahre Teilzeit wegen der Kinder hab ich jetzt zu bezahlen. Das geht bis in die Rente. Und dafür kann er jetzt nicht mal ans Telefon gehen?

ALEX Hallo? Wieso krieg ich keine Antwort? Bist du geistig überhaupt anwesend? Was ist denn nun? Soll ich rangehen?
ICH Und ob! Das ist das mindeste!
ALEX *(geht Richtung Telefon, dreht sich noch einmal um)* Wieso das mindeste? Was ist denn plötzlich los?
ICH Nichts!
ALEX *(bleibt stehen, das Telefonläuten nervt ihn sichtlich)* Jetzt sag schon! Da ist doch plötzlich was, dieser Blick … wie in deinen politischen Jahren … so kämpferisch.
ICH *(wütend)* Politische Jahre! Ja! Und wie weit sind wir gekommen?

Alex starrt mich verständnislos an. Lukas und Eva kommen aus ihren Zimmern.

LUKAS/EVA *(gleichzeitig)* Könnt ihr denn nicht ans Telefon gehen?

Das Telefon hört plötzlich auf zu klingeln.

ICH Ach ja? Während wir euch hier bekochen, sollen wir auch noch die Telefonvermittlung geben? Was glaubt ihr eigentlich, auf was Mütter alles verzichten?
ALEX Und Väter nicht auch?
LUKAS Was ist denn mit dir los, Mom? Auf was verzichtest du denn wegen uns? *(grinst)* Auf gute Unterhaltung?
ICH Ach, ihr habt doch keine Ahnung!
ALEX Sie meint die Karriere! Geht mal lieber in eure Zimmer zurück. Das ist ein Ding zwischen uns.

Lukas und Eva verschwinden wieder. Ich kann Alex nicht mehr richtig böse sein – er hat mir den Wind aus den Segeln genommen, weil er sofort verstanden hat, was ich meinte und wie ich mich fühlte.

ICH *(zu Alex, fast zärtlich)* Mistkerl! Musst du mich so gut kennen, dass ich nicht mal mehr wütend sein kann?
ALEX *(grinsend)* Komm schon, so nett wird das nichts mehr mit dem politischen Kampf. Leg dich richtig mit mir an. Los, Süße!

Wir lachen beide und kochen entspannt weiter.

Besser spät als nie

An meinem Ausbildungsplatz gab es gleich drei Mädchen, die so unglaublich schön waren, dass Männer schon mal fasziniert mit offenem Mund auf der Straße stehen blieben und den jungen Frauen hinterhersahen, wenn wir in der Mittagspause unterwegs waren. Barbara hatte lange, blonde Haare, braune Rehaugen, Körbchengröße D und gefühlt doppelt so lange Beine wie ich. Die dunkelhaarige Susi begann schon während der Ausbildung, nebenher zu modeln. Ihre Maße wichen nur ein paar Millimeter von den 90-60-90 ab. Und Samira fiel ohnehin allen auf mit ihrem dunklen Teint (ihre Eltern stammen aus Nordafrika), mit ihren pechschwarzen Haaren, dem fein geschnittenen Gesicht, der Wespentaille und dem großen Busen. Mit Anfang zwanzig solche Schönheiten in der Arbeit neben sich zu haben, ist heftig. Zwar hielt ich mich damals nicht für hässlich, sondern für guten Durchschnitt. Aber neben drei solchen Traumfrauen musste ich einfach zur grauen Maus werden. Wer würde mich schon beachten? Ich vermied es, mit den dreien abends auszugehen. Nein, ich wollte nicht die zweite Wahl sein oder gar eine, die angebaggert wurde, um über diesen Umweg doch noch zum Ziel der drei anderen zu gelangen. Manchmal hätte ich alle drei hassen mögen – aber bis auf Barbara waren die Traumfrauen auch noch nett und solidarisch.

Wenn der Satz fällt »Das Leben ist ungerecht«, dann denke ich heute noch an jene zwei Jahre im Büro mit Barbara, Susi und Samira. Inzwischen nehme ich aber Dinge, die nicht zu ändern sind, viel selbstverständlicher an. In meinem Alter

weiß frau, dass Schönheit, Gesundheit oder ein hoher IQ gegeben sind oder auch nicht. Es bringt überhaupt nichts, deshalb zu heulen, sich zu beklagen oder wütend auf Gott und die Welt zu sein. In unserem Alter haben wir die Weisheit des US-amerikanischen Theologen Reinhold Niebuhr verinnerlicht: »Gott gebe mir die Gelassenheit, Dinge hinzunehmen, die ich nicht ändern kann, den Mut, Dinge zu ändern, die ich ändern kann, und die Weisheit, das eine vom anderen zu unterscheiden.« Damals fand ich es zum Verzweifeln, dass andere mit einem Übermaß an Schönheit gesegnet waren und ich mit Durchschnitt gestraft war. Ich schäme mich dafür, aber einmal wünschte ich mir sogar, die drei würden irgendeine Krankheit kriegen, die sie weniger attraktiv machte.
Was wohl aus ihnen geworden ist? Haben sie ihre große Liebe gefunden? Karriere gemacht? Kinder bekommen? Ach, diesen drei Schönheiten ist vermutlich alles zugefallen, denn schöne Menschen finden leichter einen Partner und auch schneller einen besser bezahlten Job. Es ist einfach so. Daran ist nichts zu ändern.
Doch dann entdeckte ich etwas, das mich spät mit dem Schicksal versöhnte – eine Untersuchung der US-Psychologin Ellen Berscheid. Sie fand heraus, dass Glück und Schönheit bei Frauen ab 45 Jahren auseinanderdriften. Schöne Frauen sind fortan wesentlich unglücklicher als wir, die grauen Mäuse. Männer bleiben nicht mehr mit offenem Mund vor ihnen stehen, und bessere Jobs gibt es auch nicht mehr – der Bonus ist weg, und das müssen die Schönheiten erst mal verkraften. Na denn, manchmal gibt es sie doch, die Gerechtigkeit. Sie verspätet sich nur manchmal gerne.

Voll das Opfer!

Theoretisch wissen wir zwar alle, dass sich Jugendliche über eigene Werte und eine eigene Sprache von uns Älteren abgrenzen müssen, aber in der Praxis stellt uns das doch immer wieder auf eine der härtesten Bewährungsproben. Da kann mein Hirn noch so oft rufen: »Die greifen genau eure Tabus auf!« – und ich werde trotzdem nicht begreifen, warum Jugendliche Begriffe wie »Opfer« oder »Spast« verwenden. Wie können sie Behinderte und eben Opfer als solche beschimpfen? Überschreitet das nicht bloß den guten Geschmack, und ist damit nicht der Niedergang unserer wichtigsten zivilisatorischen Werte eingeläutet? Wo steht unsere Gesellschaft, wenn Opfer als solche beschimpft werden?
»Der Typ ist voll das Opfer«, erzählt Lukas beim Abendessen wieder einmal über einen Klassenkameraden.
»Das stimmt!«, pflichtet Eva ihrem Bruder bei und erzählt, wie der Junge einen Fußball auf dem Pausenhof nicht zurückkickte. »Voll der Spast!«, fügt sie hinzu.
»Schluss, diese Wörter will ich nicht mehr hören!«, empöre ich mich. Mein Mann, ihr Vater, hatte einen spastisch gelähmten Bruder. Wie muss sich Alex bei solchen Ausdrücken fühlen? Er ist an diesem Tag noch im Büro und hört das Gott sei Dank nicht.
»Und warum soll ich das nicht sagen?«, fragt Eva kampfeslustig. »Hast du wenigstens ein Argument, oder bist du bloß autoritär?«
Ich erzähle noch einmal die Familiengeschichte von Alex. Lukas und Eva unterbrechen mich, sie würden diese ja zur

Genüge kennen, hören dann aber doch aufmerksam zu und finden das »schon heftig«.
»Ich meine das aber anders mit Spast«, entgegnet Eva.
»Und wie?«, kontere ich. »Hast du Argumente dafür?«
Meine Tochter sieht mich trotzig an, weiß zunächst aber keine Antwort.
Lukas lacht. »Gut gegeben, Mama!«
»Die finde ich noch, die Argumente!«, behauptet Eva und steht auf. »Und dann solltest du vorbereitet sein.«
Huhu, okay, wenn meine Tochter sich auf die Suche nach Argumenten begibt, dann werde ich das auch tun. Diese Battle in der Familie nehme ich an! Wer sagt eigentlich, dass man mit Teenagern nicht auch manchmal seinen Spaß haben kann?
Ich muss gar nicht lange suchen, nur kurz nachdenken – vor dem Einschlafen fällt mir ein: »beleidigt schwächere Menschen«, »diskriminiert Behinderte«, »ist kalt und rücksichtslos«. Während der nächsten Tage fallen Ausrücke dieser Art nicht mehr. Ich hab das Thema schon wieder vergessen. Doch beim Sonntagsfrühstück kommt der Satz: »Der ist doch voll das Opfer!« Eva sagt ihn. Wir blicken uns an – jede von uns weiß, nun kommt es auf die Argumente an.
Seelenruhig erkläre ich: »Ich möchte diesen Ausdruck nicht mehr hören, denn er beleidigt schwächere Menschen, diskriminiert Behinderte und ist überhaupt kalt und rücksichtslos.«
»Ist halt Jugendsprache«, murmelt Alex, obwohl er sich früher schon ganz anders dazu geäußert hatte. Damals war es um Lukas gegangen – bei der Tochter ist mein Mann immer nachsichtiger.
»Das ist nicht bloß Jugendsprache«, antwortet Eva. »Das ist die sanfte Tyrannei der Achtsamkeitsgesellschaft, in der wir alle leben.«

Wie bitte? Alle drei starren wir Eva an. Seit wann nimmt meine Tochter Drogen oder hat ein Verhältnis mit einem Professor? Wie kommt sie zu so einer Aussage? Was meint sie überhaupt?
Eva grinst genüsslich in die Runde.
»Peter Strasser«, ergänzt sie.
»Wer ist Peter Strasser?«, fragen Alex und ich gleichzeitig.
»Auch so ein Opfer wahrscheinlich«, scherzt Lukas.
»Ein Professor für Philosophie«, antwortet Eva. Also doch ein Verhältnis mit einem Alten, denke ich erschüttert.
»Moment!« Eva steht auf, geht in ihr Zimmer und kehrt nach einer Weile mit einem Zeitungsartikel zurück. »Hier!« Sie legt uns den Bericht auf den Tisch. Seit wann liest unsere Tochter philosophische Essays?
»So, und was soll das jetzt heißen?«, frage ich provozierend. »Jetzt sag mal. Hast du das überhaupt verstanden, was du referierst?«
Eva lässt sich nicht beirren.
»Ihr habt uns das doch vorgemacht, ihr habt angefangen damit, euch zu Opfern zu machen.«
Alex und ich sind so verdattert, dass uns Spucke und Worte wegbleiben.
»Nice! Meine Schwester dreht jetzt ab!«, kommentiert Lukas in die Stille.
»Ich erklär euch das mal: Als Opfer ist man unangreifbar, und schuld sind immer die anderen. Und außerdem kriegt man so Aufmerksamkeit und Achtsamkeit.« Eva scheint wirklich verstanden zu haben, was sie vorträgt.
»Ich bin aber kein Opfer. Ich fühl mich gar nicht als Opfer!«, entgegne ich.
»Doch!« Eva lächelt siegessicher. »Du fühlst dich zum Beispiel vom Büro beschissen, weil du als Mutter nur Teilzeit arbeiten und damit keine Karriere machen konntest.«

»Deshalb fühl ich mich doch nicht als Opfer«, erwidere ich. »Das sind einfach ungerechte Strukturen, der Arbeitsmarkt, der Kapitalismus.«
»Also doch Opfer. Des Kapitalismus. Und das macht dich unglücklich. Jedes Opfer ist unglücklich.«
Meine Teenager-Tochter hat mir ja schon einiges an den Kopf geworfen. Lange Zeit war ich ihr insgesamt peinlich, dann nicht gut genug angezogen und schließlich »einfach zu nett«. Aber was sie da jetzt sagt …
»Sag mal, wie kommst du auf all das?«, frage ich.
»Du sagst doch immer, ich soll mehr lesen! Und genau das hab ich getan«, antwortet Eva.
»Deutsch! Das war bestimmt die Schmitt in Deutsch!«, wirft Lukas ein. »Die übt das immer, das Argumentieren zu einem Thema!«
Lukas grinst, während Evas Blicke verraten, dass sie ihren Bruder am liebsten umbringen würde.
»Aha!« Jetzt weiß ich wenigstens, woher das kommt. Vielleicht sollte ich auch mal zu Frau Schmitt gehen, um besser argumentieren zu lernen?
»Nicht schlecht!«, lobt Alex. »Kann schon was dran sein an dieser Opferhaltung, haben ja vor allem Frauen!«
»Von wegen!« Evas Augen blitzen wieder. »Du redest noch viel mehr davon, Papa, dass früher alles besser war. Ohne Zivilisation, mit der Natur im Einklang leben, wie die Indianer. ›Die hatten nie so einen Druck wie wir!‹, sagst du andauernd.«
Daraufhin fällt Alex und Lukas nichts mehr ein, außer dass sie jetzt gleich dringend die Fußballergebnisse ausländischer Ligen vergleichen müssten.
Eva verzieht sich in ihr Zimmer, ich bin heute mit Tisch-Abräumen dran und lasse mir Evas Einwürfe durch den Kopf gehen. Vielleicht ist da wirklich was dran? Fühlt sich nicht

jede(r) in irgendeinem Bereich als Opfer und deshalb benachteiligt? Macht es uns nicht unglücklich, wenn wir die Verantwortung für unsere Lebensgestaltung abgeben? Und haben die Jungen das bloß mit ihrer Sprache aufgenommen? Sagen sie »voll das Opfer« und meinen Menschen, die nicht kämpfen, sich nur hilflos fühlen und bemitleidet werden wollen?
Was hab ich nur für eine schlaue Tochter! Hab ich ein hochbegabtes Kind, ohne es jemals bemerkt zu haben? Hab ich entscheidende Förderungen dazu verschlampt? Würde Eva jetzt mit 15 vielleicht schon Abitur machen, wenn ich Rabenmutter ihre Klugheit früher bemerkt hätte? Während Mann und Sohn schnöde Fußball-Tabellen vergleichen, sitzt im Nebenzimmer vielleicht ein unerkanntes Genie! Oder kann sich das nicht mehr entfalten, weil die eigene Mutter es übersehen hat? Ist Eva nicht das Opfer meiner Ignoranz? Aber nein, das hat sie ja eben zerlegt – ich sehe schon wieder Opfer, nichts als Opfer!
Mein Tochtergenie kommt aus ihrem Zimmer und unterbricht meine Gedanken: »Ich hab das eben eigentlich gar nicht so gemeint, Mama!«
»Wieso, du musst dich doch nicht entschuldigen!«, antworte ich. »Das war ziemlich schlau, was du gesagt hast. Und ich wundere mich, ehrlich gesagt, darüber, wie du in deinem Alter schon so viel verstehen kannst.«
»Danke!« Eva gibt mir ein Bussi auf die Wange.

Ein paar Tage später allerdings beruhigt mich meine Tochter nachhaltig. Sie beschwert sich bitter darüber, dass sie nicht auch wie die Freundin 500 Euro zum Klamottenkaufen kriegt. »Bloß weil ihr so wenig Geld habt«, muss ich mir anhören, als wäre sie kurz davor, wegen ihrer schlechten Kleidung gemobbt zu werden.

»Nee, Kleine, das glaub ich dir nicht!«, antworte ich Eva. »Das ist jetzt reine Taktik, damit wir mehr Geld lockermachen!« Beruhigt darüber, dass sie die Opferhaltung offenbar nur kurz durchschaut hat und nicht als verkanntes Genie durch das Leben gehen muss, füge ich hinzu: »Jetzt mach mal nicht so auf voll das Opfer!«

Bedienungsanleitung für Ehemänner über 50

Um neben einem Partner oder Ehemann von über 50 Jahren nicht unglücklich zu werden, helfen ein paar einfache Strategien:
Wundern Sie sich nicht, wenn Ihr Mann plötzlich Stunden um Stunden mit Kleidungseinkäufen verbringt. Nein, er belügt Sie nicht, er hat keine Geliebte! Er irrt tatsächlich Stunden um Stunden in Kaufhäusern umher, um wahlweise Pullis, Hosen, Hemden, Unterhosen oder Schuhe zu finden, wie er sie »schon immer trug« und die es jetzt leider nicht mehr gibt, weil die Mode sich geändert hat. Meist wird Ihr Mann die neue Mode als »unbequem« oder »unpraktisch« oder »ungesund« bezeichnen. Über enge Jeans hat er gelesen, dass sie schon zu Todesfällen führten; Kapuzenpullis seien einfach furchtbar unpraktisch unter Jacken; enge Hemden seien schrecklich unbequem. Je nach Charakter und Körper des Mannes verschärft sich das Problem noch, wenn er versucht, den Bauch zu kaschieren, und deshalb zum Beispiel einen weiten, gutsitzenden Pulli sucht, endlich findet, dieser dann aber eine Kapuze hat.

Erinnerungen an die Schulzeit, Lehrer und Jugendfreunde tauchen nicht erst bei dementen Senioren extrem gehäuft auf. Machen Sie sich keine Sorgen, wenn Ihr Mann jetzt schon von Gedanken an diese frühen Erlebnisse regelrecht geflutet wird und Ihnen das immer wieder mitteilt. Es ist ganz normal! Gerne leitet Ihr Mann seinen Monolog mit diesen Worten ein: »Ich weiß nicht, ob ich das schon erzählte, aber ...« Sie hören dann zum gefühlt 5000. Mal, wie ein Mathelehrer einen Mitschüler Ihres Mannes in der achten Klasse demütigte. Irgendwann werden Ihnen die Lehrernamen Ihres Mannes präsenter sein als die Namen der Lehrer Ihrer eigenen Schulzeit.

Ihr Mann (von ganz wenigen Ausnahmen abgesehen) betont zunehmend, dass er sich eigentlich nicht beschweren kann – aber klagt indirekt doch stets das Schicksal an. Dieses Schicksal hat einen Namen, es heißt »Bauch«. Entweder Ihr Mann muss sich nun mit Sport furchtbar plagen, um die Wölbung im Zaum zu halten, oder er misst Jahr um Jahr mit dem Maßband erschrocken den Umfang seiner Körpermitte und versinkt daraufhin in einen elendigen Weltschmerz. »Früher! Früher! Früher!«, wird er nicht müde zu sagen, habe er einen nahezu perfekten Körper gehabt. Er habe essen und trinken können, was er wollte. Wobei – dick sei er ja auch heute noch nicht. Bloß dieser Bauch. Der Bauch ist eine ungeheure Zumutung für Ihren Mann. Er leidet tausendmal schlimmer darunter als Sie unter Ihren Falten, den grauen Haaren oder Ihrer zunehmenden Leibesfülle!

Wenn Ihr Mann sich bisher nur wenig am Haushalt beteiligte, dann geben Sie die Hoffnung auf, er könnte mit »Ich bin noch voll leistungsfähig« meinen, er würde endlich bei der Hausarbeit einmal zeigen, zu was er noch in der Lage ist. »Ich bin noch voll leistungsfähig« bezieht sich nicht bloß auf sein wertvollstes Teil. Da er Ihnen das schon bewiesen hat, sucht er nun eine neue Herausforderung, mit der er auch anderen zeigen kann, was noch in ihm steckt. Das erklärt die zunehmende Beliebtheit von Marathonläufen bei Männern jenseits der 40.

Wie auch bei Frauen verstärken sich mit zunehmendem Alter die Charakterzüge von Männern. Geizige werden noch geiziger, Angeber noch auftrumpfender und Schweigsame noch wortkarger. Bei Männern kommt ab Mitte 40 jedoch noch eine neue Charaktereigenschaft dazu – sie werden plötzlich immer ungeselliger und zurückgezogener. Während Sie Ihre Freundschaften pflegen und bisweilen sogar noch spontan ausgehen, dünnen sich die Männerfreundschaften zunehmend aus. Ihr Mann mag zwar noch zu einem Verein, zu Sportveranstaltungen oder Familienzusammenkünften gehen. Ein emotionaler Austausch mit Geschlechtsgenossen steht aber nicht mehr auf der Agenda – und deshalb wird er Sie mit all seinen Sorgen, Ängsten, Vorstellungen (und wollen wir mal nicht gemein sein: auch seinen Freuden!) regelrecht überschütten. Sehen Sie es positiv: Sie werden ihm immer wichtiger!

Auch wenn Politik noch nie sein großes Ding war – jetzt nimmt Ihr Mann zunehmend regen Anteil am Weltgeschehen. Er wird Ihnen ausführlich schildern, warum und wieso welche Politiker indiskutabel sind, welche Sauereien da oder dort gerade vor sich gehen und warum man eigentlich gar keine Partei mehr wählen kann. Abgründe, die Sie bloß nicht sehen, tun sich neuerdings politisch auf! Freuen Sie sich darüber, dass der rege Mann an Ihrer Seite Sie darauf hinweist – und schalten Sie einfach auf Durchzug, wenn er seine Statements fast so oft wiederholt wie die Schilderungen seiner Schulerlebnisse.

Sie waren schon immer schneller als Ihr Mann. Eine Einkaufsliste schreiben Sie in doppelter Geschwindigkeit; kryptische Sätze der pubertierenden Kinder übersetzen Sie sofort mit einem Anwerfen der Waschmaschine (Tochter braucht das Oberteil heute Abend noch!); unliebsame Anrufer können Sie in Sekundenschnelle abwürgen. Sie haben gelernt, mit diesem Unterschied der Geschwindigkeiten zu leben. Aber jetzt entwickelt sich Ihr Mann regelrecht zum Umstandskrämer und bespricht weltbewegende Vorhaben wie Lebensmitteleinkäufe en détail. Nein, Ihr Mann wurde nicht debil, seien Sie unbesorgt, er macht sich jetzt bloß mehr Gedanken und rüstet sich für alle schrecklichen Eventualitäten des Lebens (falls der Bäcker kein Brot mehr hat, was sollen wir dann tun?).

Bedienungsanleitung für Ehefrauen über 50

Wenn Männer neben der Ehefrau oder Partnerin jenseits der 50 glücklich werden oder bleiben wollen, haben sie Folgendes zu beachten:

Lieben Sie Ihre Frau so, wie sie ist. Sie hat keinen einzigen Fehler, einen wunderbaren Charakter, weder Falten noch Hängepartien und ist meilenweit davon entfernt, Schrullen zu kriegen – ganz im Gegenteil, mit jedem Jahr verändert sie sich weiter ins unglaublich Positive. Falls Sie diese Behauptungen bezweifeln und Argumente als Belege einfordern, lesen Sie bitte das Kapitel »Gebrauchsanleitung für Ehemänner über 50«. Danach wird Ihnen wie Schuppen von den Augen fallen, dass jegliche Probleme beim Älterwerden als Paar nur und ausschließlich und bedingungslos an Ihnen liegen!

Act your age

Damals, in einem anderen Leben, als der 19. Geburtstag anstand, schrieb mir eine englische Freundin zum Feiertag: »Celebrate and act your age!« Ich sehe die Handschrift mit der englischen Art, Buchstaben zu gestalten, noch vor mir; denn damals schrieb man sich noch analoge Briefe. Für alle U-20-Leserinnen, die sich zufällig hierher verirrt haben: Ein Brief ist ein Schreiben auf Papier, das man in ein an den Empfänger adressiertes Kuvert steckt, frankiert (also eine Briefmarke darauf klebt) und zur Post bringt. Oben rechts wird der Brief mit Ort und Datum versehen, denn auf einem Brief ist das nicht automatisch wie bei einer E-Mail vermerkt. Bei privaten Briefen gibt es keinen Betreff, und Blindkopien existieren nicht. Unterschrieben wird ein Brief nicht mit »herzlichen Grüßen«, sondern schlicht mit »Deine« oder »Ihre«. Und ja: Zu unserer Jugendzeit war »Deine« oder »Ihre« immer großzuschreiben. Alles andere wäre extrem unhöflich gewesen. Briefe aus anderen Ländern kamen entweder per Schiff oder – die teurere Variante, für die man dünneres Papier verwendete und für die es extra blaue Aufkleber gab – per Luftpost. Die Briefmarken mussten noch mit der Zunge abgeschleckt werden, um sie klebrig zu machen, ebenso die Klebeleiste am Umschlag.
So ein Brief brauchte auch per Luftpost manchmal eine ganze Woche, bis er beim Adressaten ankam. Das Mailprogramm von Apple ist eine Reminiszenz an diesen altmodischen Kommunikationsaustausch – eine symbolische

Briefmarke und ein Stempel erinnern daran, dass diese Schreiben in Papierform in einem Umschlag steckten. Und der Vogel auf der Marke des Apple-Programms ist zwar keine Taube, aber bestimmt nicht zufällig gewählt. Denn in noch viel früheren Zeiten gab es Brieftauben, die Schreiben von einem Ort zum anderen transportierten. Daran kann ich Uralte (aus der Sicht der U-20-Jährigen) mich zwar auch nicht mehr persönlich erinnern, aber ich las davon in einem Lexikon. Das ist so etwas wie Wikipedia oder Google – nur fundierter und nicht auf dem Smartphone abrufbar, denn es ist gedruckt in einem Buch oder mehreren Bänden. Es gibt darin auch keine Links, sondern nur »Querverweise«. Dazu muss man Seiten blättern, das Alphabet gut beherrschen und ziemlich merkfähig sein. Denn schnell mal in die Handtasche passt so ein Ding nicht, und sollte einem unterwegs einmal eine Frage einfallen, muss die im Kopf aufgehoben werden, bis man wieder daheim ist und die Antwort nachschlagen kann. Den ganzen Ü-20-Kulturpessimisten sei an dieser Stelle entgegengeschleudert: Noch nie war eine ganze Generation wissender als die heutige. Während wir nämlich auf dem Heimweg von der Kneipe längst die diskutierten Aspekte der Frage vergessen hatten und nur noch daran dachten, ob das mit dem Typen nun was wird oder nicht, googeln die Jungen noch während der Unterhaltung schnell mal, wie denn nun der Schauspieler in dem XY-Film hieß, ob Mozart eine Praline ist oder wo denn nun der Staat Kapstadt liegt, der auf dem Wein-Etikett angegeben ist. ;-)

Ach ja: Aus Schriftzeichen zusammengesetzte Smileys waren damals auch noch nicht erfunden, es gab noch nicht einmal – frau stelle sich das vor – Facebook oder Twitter oder gar WhatsApp. Öffentliche Kommunikation fand auf dem Marktplatz, im Parlament oder in Kneipen statt.

Schriftlich existierte sie kaum (mit Ausnahme von Leserbriefen an Zeitungen), aber zu jener Zeit war auch »öffentliche Diskussion« oder »Debattenkultur« noch kein Wert an sich. Einerseits gab es noch arrogante öffentliche Meinungsmacher in den Medien – andererseits gab es auch noch keinen Shitstorm, der nach einem unglücklichen Posting über jeden hereinbrechen konnte.

Das Leben war noch viel privater, Freundschaften waren weniger öffentlich. Wer wusste schon, dass ich eine englische Brieffreundin hatte? Vielleicht hatte ich es hie und da mal erwähnt. Aber das interessierte auch keinen weiter als mich, die ich freudig jedes Schreiben von ihr aus dem Briefkasten fischte und mir extra Tee kochte, ehe ich das Kuvert mit einem Brieföffner (U-20-Jährige: Der Gegenstand ist leicht zu googeln!) aufschlitzte. Wie auch immer, jedenfalls schrieb mir meine englische Brieffreundin damals zum 19. Geburtstag (ganz ohne Emoticon dahinter!): »Celebrate and act your age!«

Ich musste in einem der besagten Lexika nachsehen, was das heißt. »Act your age!« Hm, sollte ich nach Rudolf Steiner meine Geburtstagszahl tanzen? Oder sollte ich mich als Schauspielerin (»act«) inszenieren? Oder meinte sie, ich sollte aus meinem Leben ein Theaterstück machen? Leicht enttäuscht las ich schließlich, dass dies bloß hieß: »Verhalte dich altersgemäß«. Als Tipp zum 19. Geburtstag war das für mich nur so zu verstehen: Sei nicht so kindisch!

Fast 30 Jahre später, als ich zum 50 Geburtstag einer Bekannten eingeladen bin, fällt mir dieses »Act your age!« plötzlich wieder ein. Ich bin in der Stadt unterwegs und suche ein Geschenk für die Bekannte, die sich stets damit brüstet, nur in hippen Läden einzukaufen, niemals so spießig geworden zu sein, als dass sie aus ihrer WG ausziehen oder Reaktionäre wie Thomas Mann lesen würde. Was soll

ich dieser Frau bloß zum Geburtstag schenken? Ist mein Lieblingsroman »Madame Bovary« vielleicht auch reaktionär? Sind Blumen nicht spießig an sich? Ist ein Parfum vielleicht eine völlig unzeitgemäße Gender-Zumutung?
Völlig ratlos irre ich in verschiedenen Läden umher. Warum feiert sie überhaupt ihren Geburtstag? Wieso hat sie gedruckte Einladungen dazu verschickt? Ist das nicht auch spießig? Warum durfte ich beim letzten Besuch bei ihr die Schuhe nicht vor der Wohnungstüre ausziehen, obwohl ich so gerne in Socken herumlaufe? Warum lebt sie eigentlich immer noch so wie eine 20-Jährige, obwohl sie doch aussieht wie ich: Falten kamen, graue Haare wurden überfärbt, und den Einsatz weiterer Hilfsmittel gegen die Schwerkraft zu beschreiben, verbietet mir gerade mein Anstand.
Bei der Fete soll gekifft werden – stand zumindest im Kleingedruckten der Einladung. Mir ist es herzlich egal, wer Marihuana raucht oder nicht. Soll jeder und jede selbst wissen und entscheiden. Ich selbst mag bloß nicht bekifft sein. Ist eine rein persönliche Sache, ganz subjektive Meinung. So wie ich betrunkene Männer nicht mag. Aber vielleicht wäre das wenigstens eine Geschenkidee? Ein silberner Cannabis-Pflanzen-Anhänger? So etwas habe ich schon mal irgendwo gesehen. Yes! Ich freue mich über diese grandiose Idee und steuere wild entschlossen den nächsten Schmuckladen an. Wenn es solche Dinger in der ganzen Millionenstadt nicht zu kaufen geben sollte (wovon ich aber ausgehe), bleibt mir immer noch das Internet. Dort gibt es nichts, was es nicht gibt.
Eine Stunde später bin ich eines Besseren belehrt – diese Cannabis-Anhänger gibt es wie Sand am Meer. Und vor allem nicht nur in der 5-Euro-Girlie-Variante für junge Mädchen. Sondern in allen möglichen Edel-Varianten für die Ü-50-Jährigen, mit schwarzen Diamanten beispielsweise

für 3000 Euro. »Jung – jünger – Cannabis«, verspricht ein Prospekt. Lese ich richtig, oder bin ich senil geworden? Diamantendrogen als Anti-Aging-Versprechen? Und dabei würde genau dieses Geschenk wie die Faust aufs Auge der Bekannten treffen, wenn ich das nötige Kleingeld dafür hätte. Denn sie verachtet zwar von Grund auf den Kapitalismus mitsamt der Werbung. Sie hält nichts, aber auch gar nichts von Frauen, die sich ganz unfeministisch für Männer aufhübschen. Aber sie liebt einfach Schmuck, und dabei ganz besonders wirklich wertvolle Teile. »Wertvolle Teile«, zu denen eine Spießer-Tussi wie ich, eine zweifache Mutter (die auch noch – »bäh« – dem Patriarchat fröhlich frönt durch Heirat), einfach rein pekuniär niemals kommen kann. »Spießer-Tussi«, so hat sie mich tatsächlich einmal genannt, als ich sie damals zur Hochzeit einlud und sie selbstverständlich zu dieser »reaktionären Veranstaltung« nicht erschienen ist. Mein Gold ist die Waschmaschine, mit der ich die Kinderklamotten reinigen konnte. Und meine Diamanten sind die Kinder, die täglich so ein Chaos verursachen, dass nichts mehr blitzt und blinkt in unserer Wohnung.

»Act your age« – ich kehre um und verschwende keine Zeit mehr mit Geschenkesuche in der Stadt. Ich habe Besseres zu tun, als der komischen Alten auch noch entgegenzukommen. Stattdessen schreibe ich ihr zum Geburtstag einen altmodischen Brief, in dem ich mich für mein Nichtkommen entschuldige und ihr höflich ans Herz lege, sich doch mal altersgemäß zu verhalten. Das hieße in ihrem Fall, nicht wie egoistische 17-Jährige anderen vorzuschreiben, ob sie Schuhe anlassen oder ausziehen, und vor allem andere Lebensentwürfe einfach als gleichwertig gelten zu lassen, auch wenn man es sich selbst ganz anders im Dasein eingerichtet hat. Ja, ich bin ungerecht, ich bin wütend, es geht

mir auf die Nerven, wie sich Leute nicht altersgemäß verhalten und immer noch so tun, als seien sie 20. »Act your age!«, schreibe ich ihr und gehe davon aus, nie wieder etwas von ihr zu hören.
Eine Woche später erreicht mich ein Brief. Ich öffne das Kuvert und finde eine Postkarte darin. Darauf steht: »Schade, dass du nicht gekommen bist. Ich habe nämlich nicht bloß meinen Geburtstag gefeiert, sondern auch den Abschied aus der WG und meine Hochzeit.«
»Fuck!«, rutscht mir dazu raus.

Philosophisches Glücksbotox

Wenn wir an Glück denken, fallen den meisten von uns zuerst Situationen, Gefühle, Menschen oder Symbole ein. Wir denken an einen (ja, es ist kitschig, aber deshalb muss es nicht unwahr sein) Sonnenuntergang am Meer, an den Liebsten oder die Kinder, an den Flow beim Laufen, an einen Lottoschein oder an eine Jobzusage anno dazumal. Vielleicht kommen uns auch noch psychologische Ratschläge in den Kopf – aber große Denker eher meist nicht. Philosophie assoziieren wir zunächst einmal mit Kopfzerbrechen und nicht damit, dass sie uns auch glücklich machen könnte.
Dabei gibt es viele Glücksphilosophien. Wobei die meisten, zugegeben, nicht so locker zu lesen oder gar so einfach auf das tägliche Leben anzuwenden sind.
Eine Ausnahme bildet Epikur, der eine der berühmtesten Glücksphilosophien entworfen hat. »Er ist die Verkündigung gewesen: Es kommt alles darauf an, dass du, Mensch, der du heute und hier lebst, glücklich bist. Du bist nicht da für einen Gott und eine Kirche und nicht für einen Staat und nicht für eine Aufgabe der großmächtigen Kultur. Du bist da, um dein einziges, einmaliges Leben mit Glück zu füllen. Diese Entdeckung trägt den Namen Epikur.« Das sagte Herbert Marcuse im vergangenen Jahrhundert über den griechischen Denker.
Epikur erhebt die Freude zur Lebensmaxime: »Wenn wir nun also sagen, dass Freude unser Lebensziel ist, so meinen wir nicht die Freuden der Prasser, denen es ums Genießen schlechthin zu tun ist. Das meinen die Unwissenden oder

Leute, die unsere Lehre nicht verstehen oder sie böswillig missverstehen. Für uns bedeutet Freude: keine Schmerzen haben im körperlichen Bereich und im seelischen Bereich keine Unruhe spüren. Denn nicht eine endlose Reihe von Trinkgelagen und Festschmäusen, nicht das Genießen schöner Frauen ... schafft ein freudevolles Leben, vielmehr das klare Denken, das allem Verlangen und Meiden auf den Grund geht und den Wahn vertreibt, der wie ein Wirbelsturm die Seelen erschüttert.«

Seine Glücksphilosophie beruht darauf, dass der Mensch in seinem Leben das Maximum an Glück haben soll: »Wir sind ein einziges Mal geboren; zweimal geboren zu werden, ist nicht möglich; eine ganze Ewigkeit hindurch werden wir nicht mehr sein dürfen. Und da schiebst du das, was Freude macht, auf, obwohl du nicht einmal Herr bist über das Morgen? Über dem Aufschieben schwindet das Leben dahin, und so mancher von uns stirbt, ohne sich jemals Muße gegönnt zu haben.«

Epikur wurde vor allem in der Antike dahin gehend missverstanden, dass er nur auf schnelle Lust und Genüsse aus sei. Viele Kritiker begründeten ihre Meinung damit, dass Epikur einen Garten besaß, in dem er nicht nur seine Schüler um sich scharte, sondern oft auch Frauen dorthin einlud und Orgien mit großen Mengen Wein feierte. Doch wer »Die Philosophie der Freude« liest, entdeckt schnell, dass sie von weit mehr beziehungsweise vom Gegenteil rauschhafter Genüsse handelt. An einer Stelle heißt es: »Man kann nicht in Freude leben, ohne mit Vernunft, anständig und gerecht zu leben.«

Glück ist laut Epikur ein Zustand des inneren Friedens ohne Unruhe, der weder durch Furcht oder Schmerz beeinträchtigt wird. In seinem Brief an Menoikeus erklärt der antike Philosoph, was man tun sollte, um glücklich zu werden. Er gibt sogar konkrete Anweisungen, am wichtigsten sei jedoch die Vorstellung, dass der Tod nichts Negatives für uns bedeutet: »Gewöhne dich an den grundlegenden Gedanken, dass der Tod für uns ein Nichts ist. Denn alles Gute und alles Schlimme beruht darauf, dass wir es empfinden. Verlust aber dieser Empfindung ist der Tod. ... So ist also der Tod, das schauervollste Übel, für uns ein Nichts; wenn wir da sind, ist der Tod nicht da, aber wenn der Tod da ist, sind wir nicht mehr.« Daraus folgert er, dass jeder, der den Tod nicht fürchtet, auch im Leben nichts zu fürchten habe. Damit schlägt Epikur zwei Fliegen mit einer Klappe: Er befreit den Menschen nicht nur von seiner Angst vor dem Tod, sondern auch von der Angst vor dem Leben.

Der schmale Band (es gibt nur ein Buch von Epikur) ist schnell und leicht zu lesen und hat außer dem Glücklichwerden dabei sogar noch eine andere Nebenwirkung: Beim nächsten Anlass können Sie sich damit rühmen, einen antiken Philosophen gelesen zu haben. Alleine schon die Bewunderung, die man Ihnen dafür entgegenbringt, wird Sie lächeln lassen.

Machen Kinder glücklich?

Mit zu den Eigenarten unserer Zeit gehört, dass wir uns alle *unique* fühlen – jede und jeder glaubt, im besten Sinne nicht ganz normal zu sein, nicht zum Mainstream zu gehören, gegen den Strom zu schwimmen, ein »unverbesserlicher Querdenker« zu sein oder schlicht, nicht »wie alle anderen« zu ticken. In vergangenen Zeiten dagegen, bis zur Mitte des vergangenen Jahrhunderts, suchten die Menschen vor allem aktiv nach einer Gruppen- oder Schichtzugehörigkeit – man war Katholik oder Protestant, Gewerkschaftler oder Arbeitgeber, Bayer oder Berliner –, nachdem man zuvor ein strammer Deutscher gewesen war, der den Führer verehrt hatte, und vom Kollektiv berauscht in den Krieg zog, um dem Übermenschentum der »Herrenrasse« zum weltweiten Sieg zu verhelfen und neben unzähligen anderen Greueltaten dabei zuließ, dass Juden ins Gas geschickt wurden. Nach dem Ende der Nazizeit und des Zweiten Weltkriegs war das Zugehörigkeitsgefühl zu einer deutschen Nation kein Herzenswunsch mehr, aber der Drang, zu einer wie auch immer gearteten Gemeinschaft dazuzugehören, blieb. Die viel belächelten Vereinsmeier sind zum Großteil dieser Tatsache geschuldet: Kaninchenzüchter, der katholische Frauenbund, die Freiwillige Feuerwehr, die Kegelbrüder und der Gartenbauverein verdanken sich zwar zunächst einem gemeinsamen Interesse, dienten zugleich aber der sozialen Gemeinschaftlichkeit.
Die 68-er in der BRD sprengten dieses sozialpsychologische Grundrauschen in den Menschen nicht, sie schufen vielmehr neue Zusammengehörigkeitsgefühle – entweder

man war links oder rechts, Spießer oder Revoluzzer, ein Ewiggestriger oder ein langhaariger Spinner. In der DDR bildeten sich wiederum Zusammengehörigkeitsgefühle je nach Regimenähe oder -ferne. Mit dem Fall der Mauer löste sich nicht nur die DDR auf, sondern auch die Selbstverständlichkeit, sich zuerst über ein Kollektiv zu definieren. Das ist zugegeben etwas verkürzt dargestellt, aber seit den neunziger Jahren fällt auf, wie quer durch alle Schichten der Bevölkerung nicht mehr zuerst betont wird: Ich bin links oder rechts, Kaninchenzüchter oder beim Naturschutzbund, Feministin oder Christin – sondern jede und jeder streicht zuerst heraus: »Ich bin zu eigen, um in eine Schublade zu passen.« Wir betonen unsere Individualität, wo eine Generation vor uns noch die Gemeinsamkeit betonte.

»Ich geh doch nicht zu einem Verein!«, war meine erste spontane Abwehrreaktion, als mir ein schwuler Freund nach der Entbindung von Lukas und den ersten Wochen der Überforderung als junge Mutter empfahl, mich in einer Elterngruppe zu vernetzen. Später dankte ich Tom den Tipp mit einer Einladung zum Abendessen. Das Vernetzen hatte mich aus der Isolation einer neugebackenen Mutter ohne Familienanbindung in unmittelbarer Nähe befreit. Ich bekam praktische Tipps zum Stillen, wir lachten gemeinsam über unser Dasein als »Alleinerziehende mit Mann«, und wir organisierten eine private, wechselweise von uns übernommene Kinderbetreuung, die zuverlässig in allen möglichen und unmöglichen Situationen einspringen konnte. Musste das eine Kind ins Krankenhaus, und war der Mann auf Geschäftsreise oder sonst wo, die Gruppe kümmerte sich um das zweite Kind. Plötzlich akute Zahnschmerzen einer Alleinerziehenden, und der Kindergarten schloss gleich? Die Gruppe kümmerte sich um die Tochter. Sogar eine Affäre trugen wir (trotz vieldiskutierter moralischer Bedenken) mit und betreuten den Kleinen während der heimlichen Hotelbesuche seiner Mutter. Kurzum: Ich lernte damals die Vorteile einer »Vernetzung« zu schätzen und hätte doch niemals das Kind beim Namen genannt – ich war in einem ElternVEREIN gelandet. Ich! Mit meiner Ablehnung von Vereinsmeiern!

Die Kinder wurden größer, kamen in den Kindergarten und schließlich in die Schule. Ich trat aus der Elternini (klingt doch deutlich besser als Verein!) wieder aus. Die Kontakte von damals rissen mit der Zeit ab, aber wir freuen uns heute noch, wenn wir uns zufällig im Viertel begegnen, und erinnern uns gerne an die gemeinsame Zeit. Manchmal sehe ich auch die einstigen Kleinen und erkenne sie kaum wieder – aus den schreienden Babys sind Teenager geworden, die möglichst cool durch die Straßen gehen oder kichernd zusammenstecken.

Nur ein Kontakt aus der Elternini blieb und intensivierte sich sogar zu einer dicken Freundschaft: Kikki. Und dabei war Kikki gar nicht in unserem Netzwerk, wozu auch, sie hat gar keine Kinder. Aber sie gab damals in den gleichen Räumen Kinder-Erste-Hilfe-Kurse, und bei einem Plausch stellten wir fest, dass unsere Männer zusammen Tennis spielten. Wir stellten weitere Gemeinsamkeiten fest, gingen Kaffee trinken, telefonierten, befreundeten uns und treffen uns noch heute mehrmals im Jahr samt Anhang zu einem gemeinsamen Essen. Erstaunlich dabei finde ich nur, dass sich diese Freundschaft zwischen einer Kinderlosen und einer Mutter entwickelte, als meine Kids noch klein waren. Heute sind Eva und Lukas schon so groß, dass es egal ist, ob eine neue Bekanntschaft Nachwuchs hat oder nicht – aber mit kleinen Kindern habe ich mich unter Kinderlosen nie besonders wohl gefühlt. Was wussten die schon von Schlafentzug? Vom Spagat zwischen Job, Kita und Haus-

halt? Von den Sorgen, weil das Kind einfach das Einmaleins nicht lernen wollte? Von Kosten für Klassenfahrten, die unser Budget zu sprengen drohten? Von Telefonaten, die man nicht führen konnte, weil ständig etwas anderes war? Von Verabredungen, die frau kurzfristig absagen musste, weil die Tochter oder der Sohn krank waren und der Mann vor den Viren aus der Wohnung flüchtete (»du kennst dich da besser aus!«)? Mit Kikki war das nie Thema – sie richtete sich in der Zeitplanung stets »gerne« nach mir, und ich konnte mit ihr sogar meine »Kindersorgen« besprechen. Sie forderte mich geradezu dazu auf: »Ich hab ja keine Kinder, deshalb interessiert mich das.«
Vielleicht liegt Kikkis Verständnis auch an ihrem Job, sie ist Ärztin und Psychologin. Und sie will immer alles ganz genau wissen. Während unsereiner hin und her überlegt, mutmaßt oder sich in Debatten verstrickt, zückt sie schon ihr Tablet und googelt schnell mal Fakten zum Thema. »Da schaue ich gleich nach!«, ist einer ihrer Lieblingssätze.

Eines schönen Sommerabends sitzen wir auf ihrer Terrasse mit einem Drink und kommen auf das Glück zu sprechen. Wir fragen uns, ob Kinder eigentlich glücklich machen. Kikki hat sich bewusst gegen Nachwuchs entschieden. Sie wollte Karriere machen und hatte nach eigener Aussage nie das Verlangen nach einem Baby verspürt. Jetzt ist sie 50 und sagt: »Ich bereue nichts. War besser ohne Kinder.«
Ich denke mir im Stillen: »Du weißt ja nicht, was du versäumt hast.«
Kikki sagt: »Und du denkst jetzt bestimmt, die weiß ja nicht, was sie versäumt hat!«
Ich lache laut auf – Kikki, die Psychologin, hat mich mal wieder ertappt.
»Ich bereue übrigens auch nichts!«, erkläre ich. »Ohne Eva

und Lukas könnte ich mir mein Leben gar nicht mehr vorstellen. Sie sind das Beste und Wertvollste in meinem Leben.«

»Klar«, sagt Kikki, »deine Muttergefühle sagen dir das. Aber ich hatte sie ja erst gar nicht.«

»Na also«, meine ich, »dann weißt du auch nicht, was du versäumt hast.«

Jetzt lacht Kikki. »Und du? Du weißt auch nicht, was du versäumt hast. Vielleicht wärest du jetzt schon eine Top-Managerin und würdest sagen: Gott sei Dank hab ich mir nie meine Freiheit einschränken lassen.«

Hm, da ist natürlich etwas dran. Andererseits: »Ich kenne einige Kinderlose, die jetzt bereuen, dass sie nie schwanger wurden. Von den Müttern kenne ich keine.«

»Die Mütter sagen das nur nicht, das ist immer noch ein Tabu. Hast du nicht mitbekommen, wie heiß neulich ›Regretting Motherhood‹ diskutiert wurde?«

Stimmt, das ging durch die Medien, aber wirklich befasst hatte ich mich damit nicht. Als Kinderlose hat Kikki einfach mehr Zeit, sich mit solchen Dingen zu beschäftigen.

»Kinder machen glücklich, weil man automatisch so lebendig bleiben und sich ständig auf was Neues einstellen muss«, überlege ich laut.

»Lebendig bleibst du auch, wenn du mit Kindern arbeitest oder aufmerksam für deine Umgebung bist ... oder viele Freunde hast. Und für Freunde haben Eltern viel weniger Zeit als Kinderlose«, widerspricht Kikki.

»Okay, 1:1.« Wir prosten uns zu.

»Und was ist auf dem Sterbebett? Denkst du dann vielleicht, dass du nichts zurückgelassen hast?«, frage ich.

»Das Leben ist doch jetzt, jeden Tag. Warum sollten die letzten Sekunden auf dem Sterbebett über das Lebensglück entscheiden?«

Ja, da hat sie auch wieder recht.
»Mir erleichtern die Kinder das Älterwerden«, sage ich offen.
»Und mir erleichtert mein Einkommen das Älterwerden – ich kann mir diese sündhaft teuren Spritzen leisten, die meine Falten wegzaubern«, kontert meine Freundin, die immer noch aussieht wie mit 30. Botox, so Kikki, würde sie *nie* nehmen, nur die wirksamen teuren Mittel, die noch eine Mimik zulassen.
Wir scherzen über die diversen »Nebenkosten« des Älterwerdens und werden schließlich wieder ernst. Wir einigen uns darauf, dass es wohl so oder so gut ist, ob mit oder ohne Kinder, wenn es mit dem eigenen Lebensentwurf zusammenpasst. Es ist so oder so gut, vorausgesetzt, man bereut nichts – als Kinderlose nicht, doch keinen Nachwuchs in die Welt gesetzt zu haben, oder als Mutter (oder auch Vater), Kinder bekommen zu haben.
Aber Kikki wäre nicht Kikki, wenn sie nicht am nächsten Tag eine Mail schicken würde. »Wir hatten beide recht«, schreibt sie, als hätten wir uns darauf nicht schon gestern geeinigt. Sie muss einfach immer noch einmal nachschlagen und den Dingen richtig auf den Grund gehen: »Alle seriösen Studien, die ich finden konnte, belegen, dass Kinder weder glücklicher noch unglücklicher machen.« Sagt Kikki.
Gut, dass nicht einmal Elternschaft ein Schlüssel zum Glück ist und wir jeweils auf unsere Art glücklich werden konnten.

Männer sind nie schwerkrank, außer sie haben Schnupfen

Ein strahlender Donnerstagmorgen kurz vor den Sommerferien: Ich stehe extra zehn Minuten früher auf, um ein großes Frühstück für die Familie auf dem Balkon herzurichten. Das werde ich zumindest später behaupten. In Wahrheit wache ich an jenem Donnerstag vor dem Wecker auf, weil ich wohl zu nervös bin. Heute soll ich noch mal beim Internisten vorbeischauen. Vor vier Wochen war ich dort zu einer Routine-Vorsorgeuntersuchung gewesen, und mehrere Blutwerte, sogenannte Krebs-Marker, waren laut Laborbefund erhöht. Der Internist hatte ein ernstes Gesicht gemacht und zugleich abgewiegelt. Irgendetwas könne da nicht stimmen, da passe etwas nicht zusammen. Wie? Freundlich erklärte mir der Internist medizinische Dinge, von denen ich nicht mal 10 Prozent verstand. Ich fragte noch mal nach, denn als Frau ab 40 hat man gelernt, dass der wichtigste Satz beim Arzt eine Frage ist, die lautet: »Und was heißt das nun?«

»Das heißt, dass es ein höchst seltsamer Krebs wäre, den Sie da hätten, nach diesen Blutwerten. Den kann es eigentlich nicht geben.« Aha. Der Internist schlug vor, den Bluttest einfach zwei Wochen später noch einmal zu wiederholen. Bei Frauen im oder kurz nach dem Klimakterium hätte er schon die seltsamsten Werte gesehen. Ich solle mir jetzt bloß keinen Kopf machen, sondern erst einmal abwarten und Tee trinken.

Ich solle mir keinen Kopf machen. Sagt er. Sagt er so leicht.

Aber warum werden Frauen und auch Männer ab 40 regelmäßig zu Vorsorgeuntersuchungen geschickt, die sogar von den ansonsten eher knickrigen Krankenkassen bezahlt werden? Jährlich bekomme ich inzwischen die Aufforderung zur Mammographie. Beim jüngsten Frauenarztbesuch hörte ich, dass ab 55 auch eine Darmspiegelung zu empfehlen sei. Und meine Mutter liest regelmäßig die Todesanzeigen nicht nur der Lokalzeitung, sondern auch von überregionalen Blättern und berichtet am Telefon gerne darüber, wer in meinem Alter gerade verstorben sei. »Seien wir froh, dass es uns so gutgeht«, fügt sie stets hinzu, und ich pflichte ihr bei. Offenbar braucht meine Mutter diese Schreckensmomente als eine Art Katharsis, um sich ex negativo über unsere Gesundheit und das Leben zu freuen. Ich bin das schon so gewohnt, dass ihr selbstreinigendes Gerede im Grunde genommen zum einen Ohr hinein- und zum anderen wieder hinausgeht. Als ich sie nach dem denkwürdigen Besuch beim Internisten mit den »verrückten« Blutwerten an der Strippe habe, gelingt mir das allerdings nicht. »Das könnte ich sein«, denke ich plötzlich bei ihren Berichten zu den Todesanzeigen und wechsle schnell das Thema. Natürlich verschweige ich meiner Mutter die verrückten Blutwerte. Soll ich sie kirre machen? Hat nicht auch der Internist gesagt, ich solle mir dazu keinen Kopf machen?

Auch gegenüber Alex habe ich bisher geschwiegen. Erst ergab sich keine ruhige Gelegenheit, um mit ihm unter vier Augen zu sprechen, dann hatten wir Streit, und in einem Streit berichtet man nicht von seltsamen Blutwerten. Und schließlich schliefen wir nach dem Streit wieder einmal nach langer Zeit leidenschaftlich miteinander. Danach war es ganz vorbei – ja, soll ich mich mit einem Krebsverdacht,

der doch eigentlich keiner ist (ich soll mir ja keinen Kopf machen), selbst unattraktiv machen? Gibt es etwas Abturnenderes für einen Mann als eine Frau, die womöglich schon mit einem Bein im Grab steht? Soll ich mir meine wenig verbleibende Restlebenszeit (falls ich wirklich Krebs habe, aber ich soll mir ja keinen Kopf machen!), also soll ich mir zumindest meine attraktiv verbleibende Restlebenszeit, kaputt machen, indem ich von den blöden Blutwerten erzähle? Außerdem: Wie klingt denn die internistische Begründung für die Ungereimtheiten bei den Werten? »Im oder kurz nach dem Klimakterium ...« ist auch nicht gerade ein verbales Viagra.
Ich beschließe also, das für mich zu behalten. Ist alles in Ordnung, kann ich später eine nette Anekdote daraus machen. Ist doch nicht alles okay, bleibt noch genug Zeit, Alex davon zu berichten. Und sowieso und außerdem: Ich bin doch kein Hypochonder, der immer vom Schlimmsten ausgeht. Meinte übrigens auch mein Internist, der dem Satz »Machen Sie sich keinen Kopf« hinzufügte: »Frauen sind Gott sei Dank keine Hypochonder. Das sind immer nur Männer.« Ich habe zwar eine gute Freundin, die einen blauen Fleck als Hautkrebs interpretierte, aber sie scheint die Ausnahme zu sein.
Und so richte ich also an jenem Donnerstagmorgen das Frühstück auf dem Balkon her. Falls der Internist mich nur hatte beruhigen wollen, wird es das letzte wunderbar entspannte Frühstück mit der Familie sein. Auf dem Sterbebett werde ich mich noch daran erinnern! Ich bin ja wirklich kein Hypochonder, aber ... hat der Internist mich nicht doch belogen? Ist er noch vom alten Ärzteschlag, der Patienten keinen reinen Wein einschenkt?
»Toll, Mama, wir sollten öfter draußen frühstücken!«, reißt mich Eva aus meinen Gedanken.

»Na ja, es ist mehr Aufwand. Ich bin extra dafür etwas früher aufgestanden.«

»Dann helfe ich dir das nächste Mal!« Eva setzt sich und ist mit dem Nachrichtenaufkommen auf ihrem Handy beschäftigt. Wo zwischen all den Kommunikationsaktivitäten jemals Platz für »Hilfe« sein soll, ist mir ein Rätsel. »Dann helfe ich dir das nächste Mal« höre ich seit gefühlt 100 Jahren zu allen möglichen Haushaltsaktivitäten, die dann leider (!), völlig unverhofft (!), plötzlich so dringend (!) wegen ganz wichtiger Chats abgebrochen werden mussten.

»Cool!« Lukas steht schon geduscht und angezogen vor uns. »Frühstück auf dem Balkon ist *nice*.«

»Na ja, es ist mehr Aufwand. Ich bin extra dafür etwas früher aufgestanden.«

»Das ist deine Entscheidung, wenn du meinst, Mama«, sagt Lukas und beißt herzhaft in eine Tomate.

Ich sage nichts weiter, weder zu Eva noch zu Lukas. Wenn der Internist mir heute verkündet, dass die Blutwerte in Ordnung sind, dann … ja, dann werde ich *alle* bisherigen Erziehungsfehler wieder wettmachen und die Damen und Herren Nachwuchs mal richtig einspannen. So geht das nicht! Ich habe sie zu sehr verwöhnt. Nein, nicht bloß ich, auch Alex. Wo bleibt der eigentlich?

Langsam, ganz langsam kommt er angeschlurft. Hat er sich über Nacht eine Beinverletzung zugezogen?

Kaum hat er den Balkon betreten, ist klar, dass dies kein normaler Donnerstagmorgen für ihn ist. Seine Mundwinkel hängen gefühlt bis zu den Knien herunter, die Augen sind verkniffen klein.

»Ist was passiert? Gab es einen Terroranschlag?«, frage ich. Alex wirft immer gleich nach dem Aufstehen einen Blick ins Internet, ehe er zum Frühstückstisch kommt. Mein Mann schüttelt den Kopf, setzt sich langsam und schweigt.

Die Leidensmiene ist so unübersehbar laut, dass sogar Eva vom Handy aufblickt und fragt: »Alles okay, Papa?«
Alex nickt mit schwer deprimiertem Gesichtsausdruck, aber Eva nimmt das einfach eins zu eins, wenn der Papa nickt. Lukas hat offenbar auch wichtigste Nachrichten bekommen, und nur ich bemerkte das Double-Binding meines Mannes. Er ist einfach nicht zu klarer Kommunikation fähig. Wie oft hat er schon genickt, wenn ich gefragt habe, ob alles in Ordnung sei, und er in Wahrheit todbeleidigt war.
»Was ist denn los?«, bohre ich nach.
»Nichts!« Alex legt einen Packen Tempos auf den Tisch und schneuzt demonstrativ in ein Papiertaschentuch.
»Bist du erkältet?«, frage ich, denn so hört sich das an.
Mein Mann reagiert nicht auf meine Frage. Hat er ins Internet geguckt und gesehen, dass die Firma pleitegegangen ist und er seinen Job verloren hat? Hat seine Mutter ihm eine SMS geschickt, dass sein Vater verstorben ist? Hat ihm nachts eine böse Fee seine Libido weggezaubert?
»Was ist denn los?«, frage ich noch einmal.
Alex schweigt und beißt verdrossen in sein Marmeladenbrot. Lukas blickt kurz auf und bemerkt nüchtern: »Er hat eine Erkältung.«
Alex wirft seinem Sohn einen dankbaren Blick zu.
»Das hab ich auch bemerkt«, entgegne ich patzig, »Schnellchecker!«
»Müsst ihr schon wieder streiten?«, fragt Eva und steht auf. Immer wenn sie schnell in ihr Zimmer will, hat sie dieses Totschlagargument parat: »Müsst ihr schon wieder streiten?«
»*Ich* streite nicht!«, sagt Alex.
Eva lässt das kalt, sie hört das vermutlich nicht mal mehr in ihrem Abgang.

»Also *ich* streite?«, frage ich spitz.
Lukas schüttelt den Kopf, dampft ab und sagt: »Dann streitet mal schön weiter, ohne mich!«
»Ich möchte jetzt endlich wissen, was los ist, Alex!«, fordere ich.
Alex schweigt.
Alex schweigt weiter.
Alex hört gar nicht mehr auf zu schweigen.
Hat er Krebs? War er bei einer Vorsorgeuntersuchung, die er mir verheimlicht hat? Ist die laufende Nase das erste Symptom eines verfallenden Körpers, der mit einem Bein schon im Grab steht? Erzählte meine Mutter nicht erst vorgestern von einem Mann in Alex' Alter, der auf dem Nordfriedhof bestattet wurde? Zwei Seelen in meiner Brust kämpfen miteinander. Soll ich jetzt – ganz zu Recht – beleidigt sein, weil er mir einfach keine Antworten gibt, oder muss ich Verständnis für einen vielleicht todkranken Mann haben?
»Gehst du ins Büro?«, frage ich schließlich.
»Muss ja!«, brummt mein Mann. Immerhin scheint er seine Stimme wiedergefunden zu haben.
Die Kinder rufen aus dem Flur »servus«, und ich höre die Wohnungstür ins Schloss fallen. Ich gucke auf die Uhr – huch, ich muss auch sofort los.
»Kannst du noch abräumen?«, frage ich.
Alex sieht mich an, als hätte ich Gruppensex mit seiner Mutter vorgeschlagen. Er schüttelt empört den Kopf.
»Du bist wirklich eine sehr sensible Frau!«, raunt er ironisch.
»Weil ich dich bitte, abzuräumen? Schon mal das Wort ›emanzipiert‹ gehört?« Ich bin auf 180.
»Ich mache so viel, immer! Und wenn ich einmal nicht kann, krieg ich auch noch Vorwürfe.« Er steht auf und trägt

heldenhaft seine Tasse in die Küche. Ich kann mich jetzt entscheiden, ob ich einen Wutausbruch zulasse und dann zu spät ins Büro komme oder ob ich den Tisch abräume und deshalb zu spät ins Büro komme.
»Wenn du mir nicht endlich sagst, was los ist, kann ich auch nichts mehr machen!«, schreit es aus mir heraus.
»Ja siehst du das denn nicht? Ich bin erkältet!« Alex schneuzt sich demonstrativ.
Ich zähle langsam innerlich bis drei. »Durchschnaufen!«, befehle ich mir. Gedanken ordnen. Also: Mein Mann ist erkältet. Er geht ins Büro. Aber den Tisch kann er nicht abräumen. Er leidet unsäglich. An der Krankheit. An mir. Das kann nicht die ganze Wahrheit sein – oder doch? Als ich letztes Jahr eine Sommergrippe hatte, blieb ich zwei Tage vom Büro daheim – war aber nicht nur in der Lage, den Tisch abzuräumen, sondern sogar die Wäsche zu waschen. Ich packe missmutig die Lebensmittel, die in den Kühlschrank gehören, auf das Tablett und bringe sie in die Küche. Dann flüchte ich regelrecht aus der Wohnung. Keine Arbeit kann so schlimm sein wie ein derart leidender Mann neben mir. Aber mein Mitleid hält mich noch einmal auf.
»Im Medikamentenschrank ist noch ACC akut«, sage ich. »Das hilft ganz gut!«
»Als ob irgendetwas gegen eine Grippe helfen würde!«, erwidert Alex und schüttelt den Kopf – über mich und meinen Vorschlag.
»Doch. Das ist neu und verbessert. Es hilft auch gegen Kopfweh.«
»Bei dir vielleicht! Bei mir nützt das nichts.«
»Hast du es denn schon einmal probiert?«, frage ich nach.
»Wozu?«, fragt Alex. »Das nützt doch eh nichts!«
Weg, weg, weg, denke ich. Ich liebe meinen Mann, und dieser meiner Liebe ist wohl zu verdanken, dass ich immer

wieder vergesse, wie sehr Alex leidet, wenn er einen Schnupfen hat. Schon vor zwei Jahren legte er sich mit der Bemerkung ins Bett: »Jetzt geht es zu Ende ... das Alter ... das wird nie wieder was.« Dabei ist es nicht so, dass Alex ein Jammerlappen wäre, im Gegenteil: Bei einer Gallenkolik schrie er nicht mal auf, und ein Bandscheibenvorfall hinderte ihn nicht daran, weiter ins Büro zu gehen. »Schmerzt halt, aber das vergeht schon«, sagte er damals. Wie lange ist das her? 20 Jahre? Sollte aus meinem Alex doch ein jammernder, alter Mann geworden sein? Nein, ich sollte mich gar nichts mehr fragen und einfach ins Büro abhauen. Wo ich früher immer noch alles geklärt haben wollte, weiß ich heute, dass Distanz einfach manchmal das viel bessere Mittel ist, um mit einem so bockigen Mann zurechtzukommen.
Im Büro muss ich feststellen, dass ich mich so sehr über Alex geärgert habe, dass ich mir vornehme, bald mal mit ihm Klartext zu reden. Selbst wenn er ganz fiese Viren hat, geben sie ihm noch lange nicht das Recht, mich so blöd anzuschweigen oder anzureden.

Um Gottes willen! Nach Büroschluss fällt mir plötzlich ein, dass ich ja noch zum Internisten muss. Über den Ärger mit Alex hätte ich diesen Termin beinahe vergessen. Bei mir geht es um Leben und Tod, und mein Mann beschäftigt mich mit seinem Schnupfen? Geht's noch?
Doch im Wagen auf dem Weg zum Internisten werde ich kleinlaut. Was rege ich mich eigentlich auf? Über Alex, über mich. Sollte ich nicht froh sein, dass wir in unserem Alter bloß Zipperlein und Wehwehchen haben und nichts Schlimmeres? Muss ich meinen Mann nicht einfach so nehmen, wie er ist? Und bei einer Erkältung ist er halt so! Als ob frau einen Mann je ändern könnte. Schon gar nicht in diesem Alter! Ich gelobe: Wenn der Internist bestätigt, dass

die Blutwerte nur wegen des Klimakteriums so spinnen, dann werde ich freundlich zu Alex sein, ihn daheim betütteln und so schweigsam oder grantig sein lassen, wie er will. Großes Indianerehrenwort, lieber Gott! Wenn, ja, wenn, ich doch ganz gesund bin ...
»Mit Ihren Blutwerten ist laut neuem Labortest alles in Ordnung, abgesehen von einem Schilddrüsenwert, der in Ihrem Alter sehr oft abweicht. Aber der ist nicht der Rede wert«, höre ich den Internisten sagen. Am liebsten würde ich ihm um den Hals fallen.
»Und wenn Sie mir jetzt noch sagen, was gegen den Schnupfen meines Mannes hilft, dann bin ich restlos glücklich«, scherze ich.
Der Internist grinst: »ACC und unendliches Mitleid! Denken Sie einfach, Viren treffen jeden Mann hundertmal mehr als jede Frau, weil er sich nicht mehr zu 100 Prozent leistungsfähig fühlt und das seine Männlichkeit bedroht. Gucken Sie mal auf Facebook, da hat sich schon eine Selbsthilfegruppe namens ›Männergrippe‹ gegründet.«
Solcher Art gewappnet und fröhlich fahre ich heim. Mein armer Alex! Ich werde ihm noch ein richtig gutes Abendessen kochen, ihm einen Tee ans Bett bringen und ihm sagen, wie leid er mir tut. Was war ich am Morgen nur für eine Xanthippe! Doch kaum schließe ich die Wohnungstüre auf, muss ich wieder umdenken. Es riecht nach meinem Lieblingsgericht Gulasch. Ich höre die Kinder im Bad streiten und Alex in der Küche mit Geschirr klappern. Wie jetzt?
Alex tritt in den Flur und lächelt mich an. »Das ACC hat tatsächlich geholfen. Und ich ... ähm ... ich wollte mich entschuldigen, dass ich so grantig war. Du weißt doch, wenn ich erkältet bin, werde ich einfach unausstehlich.«
»Schon gut.« Ich küsse Alex und pfeife darauf, welche Erkältungsviren ich mir damit einhandle.

Mich wundert,
dass ich fröhlich bin

Im Mittelalter, so denken wir Heutigen, mussten die Menschen zwar Pest und Cholera aushalten, aber automatisch gehen wir davon aus, dass sie irgendwie glücklicher lebten. Ohne Bürostress, ohne Parkplatzsuche, ohne Mailabfragen, und stets kamen naturbelassene Bio-Lebensmittel auf den Tisch. So romantisieren wir gerne frühere Zeiten. Zwar ist uns klar, dass Hunger, Kälte und Krankheiten sicher nicht lustig waren, aber wir vermuten doch ein glücklicheres Weltbild, weil alles noch recht überschaubar war, man an Gott glaubte und sich im Weltenlauf geborgen fühlte.
Meine Tochter Eva findet noch etwas anderes am Mittelalter klasse: Die Rechtschreibung war noch nicht erfunden! Und mein Sohn Lukas würde sofort mit jedem Knappen jener Zeit tauschen, denn niemals musste einer von denen im Haushalt helfen!
Doch ganz so ungebrochen fröhlich gingen auch damals die Menschen nicht durch das Leben, wie ein Gedicht, das Martinius von Biberach zugeschrieben wird, zeigt. Verse, die später übrigens Luther auf die Palme brachten, denn er hielt sie für gottlos. Wer eine kurze Zusammenfassung jeder modernen Sinnkrise lesen möchte, hier ist sie, 1498 verfasst:

> *»Ich leb und waiß nit wie lang,*
> *ich stirb und waiß nit wann,*
> *ich far und waiß nit wahin,*
> *mich wundert das ich frölich bin.«*

Jeder Mensch kann Unglück lernen!

Steht demnächst ein Event bei Ihnen an? Eine Familienfeier? Eine beruflich wichtige Veranstaltung? Eine Geburtstagsfeier im Freundeskreis? Ein Vereinstreffen? Ein Straßenfest?
Hier die ultimativen Tipps, wie Sie sich optimal darauf vorbereiten:

1. Denken Sie schon jetzt ständig daran, wie Sie auf die anderen wohl wirken werden.
2. Versuchen Sie, für alle Eventualitäten gewappnet zu sein. Was ist, wenn der Nachbar Sie fragt, wo Sie Ihren letzten Urlaub verbracht haben, Sie aber nicht zugeben wollen, dass Sie kein Geld zum Verreisen hatten? Was ist, wenn der Chef nach den Kindern fragt, Sie aber nicht erzählen wollen, dass der Sohn eine Klasse wiederholen musste? Was ist, wenn die Tante Sie nach Ihrem Beziehungsglück fragt und Sie nicht gestehen wollen, dass Sie gerade mit einer Trennung liebäugeln? Grübeln Sie jetzt schon Tag und Nacht darüber nach, welche Fangfragen man Ihnen stellen könnte! Denn nichts kann so gefährlich sein, wie authentisch zu antworten …
3. … denn vergessen Sie nicht: Die anderen lauern nur darauf, Sie niederzumachen. Die anderen haben nur eins im Sinn: sich ins Fäustchen zu lachen über all Ihre Probleme. Danach fühlen sie sich selbst nämlich viel besser.

4. Widerstehen Sie dem Gedankengang, dass Ihr Leben im Allgemeinen schon ganz okay wäre und Sie nur Alltagsprobleme wie andere hätten. Rücken Sie Ihre speziellen Malaisen im Leben in den Fokus Ihrer Aufmerksamkeit.
5. Vergegenwärtigen Sie sich zur Vorbereitung des Events ständig, dass andere das Leben gut meistern und gestalten, Sie aber viel zu viele falsche Wege eingeschlagen haben, was die anderen natürlich mit Argusaugen längst bemerkt haben. Denn nicht, was Sie über sich selbst denken, ist wirklich wichtig, sondern die Bewertung der anderen.
6. Gucken Sie in den Spiegel und in den Kleiderschrank, und vereinbaren Sie daraufhin einen Termin bei einem Schönheitschirurgen, einer Kosmetikerin und einer Maßschneiderin, denn nur, wenn Sie Ihr miserables Äußeres aufpeppen können, wird man Sie wertschätzen. Geben Sie sich nicht mit den kleinen Aufhübschungsversuchen »normaler Frauen« ab! Ihr Leben ist so besonders daneben, dass sich »normaler Klamottenkauf« oder Schminke gar nicht mehr lohnen. Nur Sie altern ganz schrecklich, andere nicht!
7. Erinnern Sie sich noch mal an den ersten Punkt: Wie werden Sie auf andere wirken? Betrachten Sie sich anschließend jeweils aus dem Blickwinkel jeder einzelnen erwarteten Person, und wenden Sie besonders viel Aufmerksamkeit auf die erscheinenden Autoritäten.
8. Vermeiden Sie unter allen Umständen die Einstellung, nur das Beste für sich selbst aus diesem Event machen zu wollen. Sie sind nicht auf der Welt, um glückliche Tage oder Events zu verbringen, sondern einzig und allein deshalb, um Ihr Selbstwertgefühl aus der Beurteilung anderer zu ziehen.

9. Sagen Sie kurz vor dem Event – am besten ganz kurzfristig – Ihre Teilnahme ab. Denn Sie werden sich dort nur blamieren, oder man wird Ihnen auf die Schliche Ihrer innersten Abgründe kommen, wenn Sie sich nach diesen Tipps nur ungenügend vorbereitet haben. Erfinden Sie eine Krankheit, und hocken Sie sich erleichtert vor den Fernseher. Die Genugtuung wird zwar nicht allzu lange vorhalten, denn ein schlechtes Gewissen wird an Ihnen nagen. Lassen Sie sich aber nicht davon beeindrucken, denn …
10. … die Welt ist einfach fürchterlich schlecht! Wenn Sie mit der Tüte Chips vor dem Fernseher sitzen, werden Sie in dieser Annahme bestätigt werden. Wozu sollten Sie auch extra zu einem Event gehen, wenn Sie doch ohnehin schon wissen, dass die Welt nur aus übler Nachrede besteht? Besser, Sie bleiben gleich alleine, essen Chips und setzen sich diesem unumstößlichen Fakt nicht aus.
11. Geben Sie diesen Empfindungen einen gesellschaftspolitischen oder philosophischen Überbau, damit Sie Ihr schlechtes Gewissen wegen des Rückzugs nicht erschlägt. Erinnern Sie sich daran: *Homo homini lupus*. Denken Sie an die zahllosen Kriege und daran, dass Menschen einander nur Böses wollen. Blenden Sie unter allen Umständen den ketzerischen Gedanken aus, dass der Mensch ein soziales Wesen ist und normalerweise in gesellschaftlichen Zusammenhängen glücklicher lebt als im Rückzug.
12. Glauben Sie unter keinen Umständen Berichten anderer Teilnehmer des Events, die hinterher berichten, es sei schön oder lustig oder »ganz nett« gewesen. Diese Leute haben nichts verstanden – siehe: *Homo homini lupus*. Die Mehrheit der Gesellschaft ist einfach fürch-

terlich oberflächlich und fällt auf sich selbst und ihresgleichen herein.
13. Perfektionieren Sie diese Methode für künftige Generationen, und kriegen Sie mit dem Mann Ihrer Wahl Kinder. Die Kinder werden Ihr Verhalten – je nach Ihrem Einsatz und dem daraus resultierenden Erziehungserfolg – wenigstens teilweise übernehmen, und es wird Sie in Ihrer Weltanschauung nachhaltig bestätigen, wenn die Jungs oder Mädchen die gleichen schlimmen Erfahrungen machen wie Sie.
14. Seien Sie sich darüber im Klaren, dass Ihre Konsequenz nicht so einfach zu verkraften ist. Dem radikalen sozialen Rückzug können sogar Suizidgedanken folgen. Lassen Sie sich davon nicht abschrecken oder irritieren. Ignorieren Sie die Verantwortung, die Sie für andere tragen, und verdammen Sie stattdessen Ihre Umgebung, die Sie in eine so unmögliche Situation gebracht hat.
15. Verfallen Sie bloß nicht abschließend auf die Idee, Ihr eigenes Selbstbild könnte wichtiger sein als die Tante, der Chef, der Nachbar oder sonst wer. Nicht Sie sind für Ihr Glück verantwortlich, sondern die anderen!

Üben Sie immer und immer wieder diese Punkte in verschiedenen Variationen ein. Geben Sie nicht auf, wenn Sie rückfällig werden und doch zu einem oben beschriebenen Event gehen. Sollte das passieren, betrachten Sie sich und die Welt unbedingt durch die Brille der anderen. Bleiben Sie am Ball! Denn jeder Mensch kann Unglück lernen!

Smile or die

»Was für ein wunderschöner Tag! Temperaturen über 30 Grad! Badewetter! Badezeit! Jaaaa! Endlich ist Sommer! Die Sonne hat die schlechte Laune weggefegt. Ich pack die Badehose ... (Kichern) ... also den Bikini ein! Yeah! Und zur Feier des Tages, des Sommers verlosen wir unter allen Zuhörern ...«
Mir ziemlich scheißegal, was dieser beknackte Sender zur Feier des Tages verlost, obwohl ich natürlich gerne etwas gewinnen würde. Aber diese Piepsstimme im Radio ist nicht mehr auszuhalten, und ich schiebe so schnell wie möglich die nächstbeste CD ins Audio-Fach des Autoradios.
Ja, es ist Sommer, und ich freue mich auch über das schöne Wetter. Ich bin auf dem Weg zu meinen Eltern, eine gute Stunde Fahrtzeit, in der ich ganz gerne Radio höre und nachdenke, ohne wirklich nachzudenken. Zu den Eltern zu fahren mit »Begleitmusik«, hat immer etwas von »Driving home for christmas«. Man denkt an früher und daran, wo man heute steht. Man rollt vom Gestern zum Heute und zugleich in die Zukunft. Wie lange werden sie noch leben, die Eltern? Der Gedanke an die Vergänglichkeit schiebt sich zwischen Staumeldungen, Nachrichten und Summer-in-the-city-Melodien. Alleine im Wagen oder auch im Zug zu den Eltern zu fahren, heißt eigentlich immer, sich ein klein wenig dem Existenzialismus hinzugeben.
Diese Strecke fuhr ich, als meine große Liebe mich mit 23 Jahren verlassen hatte und ich am Steuer heulte und heulte, ohne anzuhalten – was ich heute als extreme Verkehrsge-

fährdung meinerseits werten würde. Damals dachte ich noch nicht mal im Traum daran, ein Risiko für andere zu sein. Mein Schmerz und mein Liebeskummer waren so überwältigend, dass die restliche Welt keine große Rolle mehr spielte. Ich weinte die ganze Strecke und stand dann vor der Haustüre meiner Eltern, um locker flockig zu behaupten, natürlich ginge es mir gut.

Diese Strecke fuhr ich, nachdem mir klargeworden war, dass ich mein Studium versaut hatte und eigentlich etwas anderes hätte machen sollen. Ich war Ende 20, und alles stand plötzlich wieder auf Neustart. Nun musste ich das nur noch irgendwie meinem Vater und meiner Mutter beibringen. Auf der Autofahrt überlegte ich jedoch nicht, wie das taktisch geschickt am besten zu bewerkstelligen wäre, sondern die vertraute Strecke mit den bekannten Wäldern, Dörfern und Schildern am Straßenrand brachte mich zum Nachdenken und evozierte Gefühle von: Wo will ich nun hin im Leben? Und wie geborgen ich doch in der Kindheit war – und die war nun endgültig vorbei?!

Jahre später fuhr ich mitten in der Nacht diese Strecke mit einem Baby an der Seite nach einem Riesenkrach mit meinem Mann. Verzweifelt, weil mit dem ersten Neugeborenen alles durcheinanderwirbelte und ich Zuflucht suchte – wild entschlossen, diesen Mistkerl, der nur im Büro verschwand und sich nicht um den Nachwuchs kümmerte, zu verlassen. Das Gleiche wiederholte sich drei Jahre später, nach der Geburt des zweiten Kindes, als ich endgültig alles hinschmeißen wollte. Nur um kurz darauf diese Strecke wieder regelmäßig mit dem Mistkerl zu fahren, immer sonntags, wenn die Kinder das Wochenende bei meinen Eltern verbracht hatten. Auf der Strecke zu meinen Eltern führten Alex und ich die besten Gespräche *ever*. Die kostbare Zweierzeit nutzten wir so intensiv wie früher Knei-

penabende und plauderten über dieses und jenes, Wichtiges und Unwichtiges.
All das ist mit diesen Autofahrten und den Birken am Straßenrand verbunden – aber ganz sicher nicht diese penetrante Radiostimme samt deren Aufforderung, auf einen Gongschlag hin plötzlich heiter zu sein. Wegen des Wetters am Ende noch? Hat diese Moderatorin sie noch alle?
Nein, ich bin keine dieser Spaßbremsen, die meinen, in Anbetracht irgendwelcher dramatischer politischer Verhältnisse sei es unverzeihlich, ausgelassen zu sein. Ich kann die Sonne trotz des Klimawandels genießen. Ich versuche, trotz des Elends in der Welt mein Leben weiter so fröhlich wie möglich zu leben, denn wenn ich es nicht tue, wird die Welt auch keinen Deut besser, mein Leben hingegen miserabler. Und wenn es überhaupt eine politische Aufgabe oder so etwas wie eine »Mission« gibt, dann wird sie nur gelingen, wenn es den Akteuren persönlich gutgeht, und nicht, wenn es ihnen schlechtgeht. Der größte Irrtum über Revolutionen ist übrigens der, sie seien aus einem Mangel heraus entstanden. Unmittelbar aus Armut und Ungerechtigkeit heraus ergeben sich keine Aufstände – nein, die Emotion treibt solche Prozesse voran, lässt sie kulminieren. Hungernde Menschen wandern dagegen eher vorher aus oder fliehen. Revolutionen zetteln immer die Wohlgenährten an. Leute, denen es so gutgeht, dass sie noch die Kraft haben, über den privaten Tellerrand hinaus etwas mehr wahrzunehmen, also auch politisch zu denken und zu empfinden.
Nun hat diese Radiomoderatorin sich auf dem Weg zu meinen Eltern aber überhaupt nicht politisch geäußert, und ich weiß gar nicht mehr, wie ich so abschweifen konnte und auf dieses Thema kam. Warum werfe ich dieser Frau, die doch auch nur ihren Job macht, eigentlich vor, dass es ihr gutgeht, sie sich über den Sommer freut und baden gehen will?

Es ist die aufgesetzte Heiterkeit, das berufsmäßige »Ich-habe-gute-Laune-zu-verbreiten«. »Freu dich des Lebens!« als moralischer Imperativ. Ob dies politisch als Schmieröl des Kapitalismus einzuordnen ist, damit wir alle funktionieren, ist mir egal. Mir geht der Tonfall auf die Nerven. Und der Befehl: »Sei lustig!«

Ich bin lustig und heiter, wenn es mir gerade passt, und nicht, wenn eine Radio-Tussi mir das vorschreibt. Mit der Sonne hat das auch nicht das Geringste zu tun, diese einfache Korrelation ist mir zu primitiv. Ich bin nun alt genug, um mir keine Heiterkeit mehr »diktieren« zu lassen, schon gar nicht wegen des Wetters. Das ist etwas für alte Leute. Und ich bin noch jung. Zumindest auf dem Weg zu meinen Eltern – denn dorthin fahre ich immer noch als Kind.

Als das Wünschen noch geholfen hat

Es war einmal eine junge Fee, die einer alternden Königin drei Wünsche freistellte. Und das kam so: Nachts, im Schlaf, während die Königin in ihrer Hitzewallungen-Wasserlache wach lag, erschien ihr plötzlich eine Fee. Triefend richtete sich die Königin auf, einen Moment lang daran denkend, welchen Anblick sie eigentlich bot. Aber die Fee ließ sich davon offenbar nicht irritieren und forderte die Königin mit sanfter Stimme auf, doch drei Wünsche zu äußern.
Der erste Wunsch war schnell ausgesprochen: Die Königin wünschte sich, nie wieder in diesem Schwimmbad aufzuwachen und durchschlafen zu können. Gesagt, erledigt.
Mit dem zweiten Wunsch wurde es schon etwas komplizierter, denn die Königin wollte »wieder jünger« aussehen, und die Fee musste erst im großen Zauberlehrbuch nachlesen, mit welcher Formel das zu bewerkstelligen war. Dabei unterlief der Fee offenbar ein Fehler, denn die Königin sah plötzlich nicht mehr nur aus wie eine 17-Jährige, sondern sie fühlte sich auch so. Das blieb nicht ohne Folgen: Wenn der König sie nur kurz nicht beachtete, überwältigte Liebeskummer die Königin, und sie weinte sich die Augen aus dem Kopf. Wenn sie sich im Spiegel betrachtete, brach sie manchmal in Tränen aus, denn sie hatte einen Pickel entdeckt. Und wenn die Töchter die Königin nicht mit zu einer Party nahmen, wollte sie vor Kummer gar nicht mehr leben – bis ihr einfiel, dass sie ja noch einen Wunsch bei der guten Fee frei hatte.

»Mach mich glücklich!«, wünschte sich die Königin. »Du lieber Himmel!«, dachte sich die Fee. »Wie soll ich das denn hinkriegen?« Die Fee fürchtete sich davor, noch mal einen Fehler zu machen, und wälzte alle Zauberlehrbücher, derer sie habhaft werden konnte. Tag und Nacht saß sie über den schwierigsten Formelsammlungen und war sich trotzdem unsicher, welche Art des Glücklichwerdens sie herbeizaubern sollte. Deshalb suchte sie weiter und zog die Schriften einiger Philosophen heran. Deren Ansichten leuchteten der Fee zwar ein, aber die Denker gaben keine praktischen Anleitungen zur Umsetzung. Schließlich landete sie bei den Glücks-Ratgebern und war überwältigt, wie viele es davon mittlerweile gab. Tag um Tag, Nacht um Nacht, Jahr um Jahr las und las und las die Fee die Bücher. Viele praktische Anweisungen fanden sich, vom Glück durch Sport bis hin zum Glück durch feste Bindungen. Aber einer Königin konnte man doch nicht so etwas Banales wie tägliches Lauftraining empfehlen! Außerdem sollte sie ja etwas zaubern und keine Ratschläge geben.

Die Fee überlegte hin und her, sie schlief nicht mehr, studierte erneut die Formelsammlungen und wollte schon aufgeben. Aber dann erinnerte sie sich daran, wie elend die Königin gewirkt hatte, mit ihren verheulten Augen und den Pickeln im Gesicht, und wie sehr sie sich danach gesehnt hatte, endlich glücklich zu werden.

Die Fee beschloss, nun nicht länger zu zögern und sich schnell zu entscheiden. Es ergab keinen Sinn, noch weitere Bücher zu wälzen, in der Hoffnung, das Optimum zu finden. Sie überlegte, auf was sie in den Formelsammlungen, in den Schriften der Philosophen und in den Ratgebern am häufigsten gestoßen war. Die Formel, die ihr in der einen oder anderen Variante immer wieder begegnet war, lautete: »Sei du selbst.«

»Das nimmst du jetzt für die Königin!«, befahl sich die Fee, schloss die Augen und verwandelte die Königin wieder in eine alternde Frau mit Hitzewallungen. Und wenn sie nicht gestorben ist, dann lebt die Königin noch heute.

Negatives Denken

Mein Mann Alex hält von Psychologie ungefähr so viel wie von Ballettbesuchen, Saftschorle zu einem Fußballspiel oder Stuhlkreisen bei Elternabenden. Jeder Freudianer würde ihm »typische Abwehr« unterstellen, und ich ertappte mich auch schon dabei, ihn für psychisch kränklich zu halten, weil seine Wahrnehmung der Aufgabenverteilung in unserem Haushalt eindeutig der inneren Schuldabwehr dient. Bei Gesprächen mit Freunden behauptet er doch mit voller Überzeugung: »Wir teilen uns die Hausarbeit *fifty-fifty*.« Da mein Mann gut rechnen kann und sogar einmal ein Semester Statistik studiert hat, ehe er zur Architektur wechselte, handelt es sich bei dieser Aussage also nicht um einen Schätzfehler, sondern um eine völlig verzerrte Wahrnehmung. Aber das nur am Rande.
Sonst ist Alex intakt. Er kann sogar eigene Gefühle erkennen und bisweilen (ein Mann!) auch darüber reden. Er gibt nach einer Niederlage seines Clubs zu, schlechtgelaunt zu sein, und er hat sogar schon mehrmals (Mädels, haltet euch fest!) gefragt: »Wie fühlst du dich?« Meine Antwort war ihm zwar dann meist zu ausführlich, denn recht schnell folgte darauf die Frage: »Und was meinst du, wie es mir geht?« Aber alles in allem ist Alex ein regelrechtes Gefühlsprachtexemplar von einem Mann, der nur eben von Psychologie nichts hält. Laut eigener Aussage würde er eher eine Wallfahrt nach Indien machen, als jemals in eine Paartherapie zu gehen. Ich hatte das einmal vorgeschlagen, als die Kinder noch klein waren und wir in der größten Ehekrise steckten. Da war allerdings nichts zu machen, niemals

würde ich Alex in eine psychologische Praxis kriegen, da beiße ich auf Granit. Für die Ablehnung der Paartherapie damals hatte er sogar noch ein Argument, das ich nicht widerlegen konnte: »Kennst du *ein* Paar unter unseren Freunden, das sich nach einer Paartherapie *nicht* getrennt hat? ... Eben!«

Ich fiel daher beinahe vom Stuhl, als Alex neulich seufzte: »Vielleicht muss ich einfach positiver denken.« Es ging um einen Großauftrag, den man ihm möglicherweise vor der Nase wegschnappte.

Können Sie sich noch erinnern, wie der Begriff »positives Denken« plötzlich Ende des vergangenen Jahrhunderts zu uns kam? Es hieß damals, täglich hätten wir rund 60 000 Gedanken, aber nur 3 Prozent davon seien positiv. Ich fand die Idee des positiven Denkens zunächst erfrischend: Mit Autosuggestion könnte ich also glücklicher werden, mehr Erfolg haben und Schöneres erleben. Alex hingegen mit seiner Aversion gegen Psychologie fragte zynisch: »Soll ein hungerndes Kind in Afrika durch positives Denken satt werden?«

Damals noch ohne Kinder saßen wir in einer Kneipe und stritten uns über das Thema »positives Denken« so heftig, dass ich schließlich empört aufsprang und ihm an den Kopf warf, er sei ein »richtiger Spießer«. Alex konterte, ich sei eine Bürgertussi, die den Kapitalismus nicht durchschaue, denn das positive Denken sei doch nur dazu erfunden worden, um die Arbeitskraft zu erhöhen und auch schlimme Zustände schönzureden. Spießer und Bürgertussi zofften sich noch weiter mit Argumenten, an die ich mich nicht mehr erinnern kann, verließen das Lokal später wutentbrannt in verschiedene Richtungen, und ich zog ernsthaft in Erwägung, Alex zu verlassen. Mitten in der Nacht heulte ich mich noch bei meiner ältesten Freundin Dorothee aus.

Dorothee bezeichnete wie immer alle Männer als »Chauvinisten«, wendete aber ein, dass ich gefälligst positiv denken sollte, wenn ich das schon so vehement verteidigte, und zwar positiv denken in Bezug auf die Beziehung zu Alex. Im Gegensatz zu ihr hätte ich einfach verdammtes Glück mit Kerlen und Alex gefunden.
Ein paar Tage später versöhnten sich Alex und ich wieder. Wobei ich jede Wette eingehe, dass mein Mann sich nicht mehr an den Inhalt des Streits erinnert. Ach was, ich gehe jede Wette ein, dass mein Mann gar nicht mehr weiß, dass wir uns überhaupt so gestritten haben. Alex kann problemlos die Fußballergebnisse aller Bundesligaspiele von 1989 aufsagen – aber nur mit Mühe und Not nachrechnen, dass wir damals schon zusammen waren.
Wie auch immer. Nun sagt er also unvermittelt, einfach so, aus heiterem Himmel: »Vielleicht muss ich einfach positiver denken.«
Was veranlasste meinen Mann zu diesem Sinneswandel? Ich kann ihn dazu nicht mehr befragen, denn er eilte sofort los, um diesen Großauftrag vielleicht doch noch zu ergattern. Also befrage ich heute das Internet – das es zu unserem Streitzeitpunkt anno damals noch nicht gegeben hatte – und mache mich schlau. Ich finde Erstaunliches, und mein Mann mit seinem Bauchgefühl hatte damals offenbar recht! Zwar hatte er alles grob vereinfachend und flapsig ausgedrückt, aber nach und nach hatten auch Wissenschaftler die Methode des positiven Denkens zerlegt.
So meint Oswald Neuberger, Augsburger Professor für Psychologie, das positive Denken produziere neue Schuldgefühle: »Wenn du keinen Erfolg hast, dann bist du eben selber schuld, weil du es offensichtlich nicht richtig probiert hast. Der Trainer aber bleibt unfehlbar.« Das Problem des Versagens werde individualisiert, Misserfolge würden

personalisiert. Das Gesellschaftssystem hingegen (siehe Alex' Kapitalismuskritik) würde gar nicht erst für etwas verantwortlich gemacht.

Noch schärfer – und weltweit beachtet – geht der Psychotherapeut Günter Scheich mit dem positiven Denken ins Gericht. Sein 1997 erschienenes Werk »Positives Denken macht krank. Vom Schwindel mit gefährlichen Erfolgsversprechen« sieht in der Methode eine esoterische und unwissenschaftliche Ratgebermixtur. Leid und Unglück des Menschen würden danach als selbstverschuldet gelten. Scheich sieht darin sogar eine totalitäre Methode: »Das ›positive Denken‹ ist eine ausgesprochen totalitäre Methode, die den Menschen in die Verkrampfung führt, weil er sich einem Motto unterwerfen soll, das nicht zu realisieren ist. Es handelt sich hier um die Diktatur des optimistischen Denkens, um die Diktatur der Ideale und des Erfolgs, des Reichtums, der Schönheit und des Könnens, des Gewinnens, des Gutseinmüssens – hier haben wir eine Welt, wie George Orwell sie beschrieben hat, vor Augen. So wie uns die verschiedenen Religionen über Jahrhunderte ihre Weltsicht aufdrücken wollten und dabei Millionen von Menschen ins Unglück stürzten, so sind es heute esoterische Lehren wie die des ›positiven Denkens‹, die mit Hilfe einer Schmalspurpsychologie als Religion des Erfolgs und der dauerhaften Harmonie, als Religion des Reichtums und der absoluten Glückswerte auftreten und Unheil stiften.«

Außerdem könne wegen unreifer Ziele und mangelnder Fähigkeiten das willentlich aufgesetzte, zwanghafte positive Denken nicht nur nutzlos sein, sondern auch erheblichen Schaden beim »Positiv-Denker« selbst anrichten; denn viele Menschen, die bewusst positiv denken wollten, würden plötzlich so stark negativ denken wie noch nie.

Puh, armer Alex. Ausgerechnet er redete jetzt, wo die Me-

thode seit mindestens zwei Jahrzehnten richtig zerpflückt worden war, von positivem Denken? Vorsichtig spreche ich ihn am Abend nach seiner Bemerkung darauf an. »Hab ich wirklich gesagt, ich sollte ›positiver denken‹?«, fragt er. »Na, hör mal«, entgegne ich, »deshalb hab ich heute extra gegoogelt, was aus dieser Methode geworden ist!«
»Ich hab doch nur gemeint, dass ich auch mal etwas optimistischer sein sollte, so wie du!«, sagt Alex und gibt mir einen Kuss. Er ist gut gelaunt. Er hat den Großauftrag bekommen.
Wir sind uns einig, dass »positives Denken« Quatsch ist. Dass man mit mehr Optimismus mehr erreichen kann, mag ja stimmen. Aber man kann sich eben auch nicht zu mehr Optimismus zwingen. Bloß, warum hält sich diese Vorstellung immer noch so hartnäckig? Warum hat sie so sehr Eingang in unsere Alltagssprache gehalten, dass sogar mein Mann diesen Begriff verwendet?
Letztlich steckt dahinter nicht mehr als ein Alltagsmythos, wie so vieles, an das wir glauben, ohne es später noch einmal zu hinterfragen. »Zieh dich warm an, sonst erkältest du dich!«, sagen wir zu den Kindern, auch wenn wir wissen, dass die kalte Jahreszeit der Namensgeber der Erkältung ist und nicht individuelles Frieren. »Zu viel Salz ist schädlich!«, behaupten wir immer noch ebenso. Und manche von uns verlassen an einem Freitag, an dem die 13 im Kalender steht, nicht das Haus. Solche Alltagsmythen, solcher Aberglaube werden sich immer halten – und wenn Sie noch so negativ darüber denken!

Wettervorhersage für Miesepeter

Norddeutschland:

Morgen wird es den ganzen Tag regnen – zu Ihrem Lebenspech kommt nun auch noch diese Wettergemeinheit dazu. Als ob Sie es nicht schon schwer genug hätten, versauen Ihnen die Wolken und die daraus hervorgehenden Ergüsse auch noch den ganzen, lieben langen Tag. Und bei diesem scheußlichen Wetter müssen Sie noch dazu arbeiten, während andere genüsslich einen Tee mit Rum trinken und sich entspannt zurücklehnen.

Süddeutschland:

Morgen wird die Sonne scheinen – aber trauen Sie dem Wetter nicht über den Weg. Es gaukelt Ihnen nur vor, dass das Leben schön sei. In Wahrheit scheint die Sonne nur, um Sie zu verhöhnen. Sie will Ihnen Böses, indem sie Sie daran erinnert, dass andere sich draußen treffen und Spaß haben, während Sie arbeiten müssen. Zu dem schweren Los, das allein mit Ihrer Existenz verbunden ist, kommt noch diese Wettergemeinheit Sonnenschein dazu – und zwar den lieben langen Tag.

Westdeutschland:

Morgen wird das Wetter durchwachsen sein, vereinzelt kann es zu heftigen Sturmböen und Gewittern kommen. Werten Sie diese Vorhersage als das, was es ist: eine einzige Gemeinheit Ihnen gegenüber. Denn ausgerechnet morgen, wo Sie im Garten arbeiten wollten, trachtet Ihnen der Blitz nach dem Leben. Nicht nur alle anderen Leute wollen Ihnen Übles, sondern nun sogar auch der Wettergott. Das Leben mag für andere ein launiger Spaziergang im Sonnenschein sein – für Sie ist es ein schauriger Weg unter einem wolkenverhangenen Himmel.

Bleib nicht dir treu,
sondern ihr

Aus heiterem Himmel erscheint mein Chef an einem Montag plötzlich in Lederklamotten, Bikerstiefeln und einem Hard-Rock-Band-T-Shirt. Die gesamte Belegschaft wundert sich. Hat er einen Termin mit einer Rockergang, die nun kurz vor seiner Rente plötzlich an die Börse gegangen war? Hat ihn seine Frau verlassen, und er erinnert sich an die *good ol' days*, also jene Vor-Frau-und-Familie-Zeit, in der er die Route 66 mit dem Bike abgefahren war und »auf jede Etikette einen Scheißdreck« gegeben hatte, wie er hin und wieder erzählte? Oder hat er eine jüngere Geliebte und will mit diesem Outfit punkten? Nein, das kann nicht sein, bei einer jüngeren Geliebten würde er sich in diesem Aufzug nur lächerlich machen. Biker-Lederklamotten passen zu jungen Möchtegerns oder zu ewigen Rockern, aber doch nicht zu einem seriösen Firmenmanager mit gehöriger Wampe, Fast-Glatze und einer Nickelbrille aus dem vergangenen Jahrhundert.
Die ganze weibliche Belegschaft tuschelt, die männlichen Kollegen scheint das seltsame Outfit des Chefs nicht zu interessieren, sie übergehen diesen optischen Angriff auf den guten Geschmack – ganz so, als wäre der Boss wie immer in Anzug und Maßlederschuhen ins Büro gekommen. Wissen die mehr als wir? Gibt es neuerdings vielleicht einen Männer-Seilschaft-Club, in dem so ein Rockeraussehen der hippe Dresscode ist? Und wir Frauen müssen dabei mal wieder draußen bleiben?

Ich habe keine Zeit, Antworten auf all diese Fragen zu finden, ich muss mit dem Chef etwas abstimmen und betrete sein Vorzimmer. Die Assistentin ist nicht da, es riecht komisch, die Tür zum Chefzimmer ist offen. An der Schwelle glaube ich meinen Augen nicht zu trauen. Der Chef raucht eine Zigarre, hat die Beine auf dem Schreibtisch, und an den Bikerstiefeln sind sogar Sporen! Welche Filme hat der am Wochenende gesehen, und was hat er heute Morgen geraucht?
»Ist was?«, fragt mich der Boss ganz direkt und genießt sichtlich meine Verblüffung.
»Ähm … nein … ich hätte nur eine Frage wegen Meier, der Vorgang …«
»Nur her damit!«, meint der Chef und stößt den Rauch seiner Zigarre aus. Ist Rauchen im Büro eigentlich noch erlaubt? Ich kann mich nicht mehr erinnern, wann ich zuletzt am Arbeitsplatz jemanden Tabak konsumieren sah. Nicht, dass es mich groß stören würde, es ist nur mittlerweile völlig ungewohnt.
»Sprechen Sie es ruhig aus!«, fordert mich der Chef auf und grinst. Aha, er will offenbar auf seinen Aufzug angesprochen werden.
»Ja, ich wundere mich darüber, wie Sie ausschauen! Rauchen Sie jetzt wieder Gras? Dritter Frühling?«
Der Chef grinst. »*Back to the roots!*«
»Mit Halbglatze? Wampe? Familie?«, fällt mir frech ein. Nicht, dass Sie jetzt glauben, ich wäre ein ganz besonders mutiger Mensch, der dem Chef auch mal die Meinung geigt – nein, ich weiß nur, dass der Chef es mag, wenn man kein Blatt vor den Mund nimmt. Und der Mann hat Humor.
»Eins zu null für Sie!«, erwidert er zwischen zwei Rauchkringeln.

»Und woher das alles?«, frage ich neugierig.
»Ich wollte zeigen, dass ich mir auch noch mal treu sein kann!«
»Nur wer sich verändert, bleibt sich treu!«, entgegne ich.
Zweifelnd sieht mich der Chef an. Es arbeitet offenbar in seinem Kopf. »Sagt meine Frau auch!«, gibt er schließlich zu.
Daher also weht der Wind! Er wollte wohl seiner Frau beweisen, dass er immer noch mal ganz der Alte sein kann und sich auch in so einer Aufmachung ins Büro traut. Ich grinse.
»Seien Sie lieber froh um Ihre Frau und deren – hoffentlich vorhandene – Treue zu Ihnen!«
»Wie meinen Sie das?«, fragt er und wirkt unruhig. Er hat wohl Angst, ich wüsste da vielleicht ein klein wenig mehr als er.
Ich grinse und erlöse ihn schnell mit den Worten Marlene Dietrichs: »Fast jede Frau wäre gern treu. Schwirig ist es bloß, den Mann zu finden, dem man treu sein kann.«
Der Chef lächelt. »Aha. Ich sollte also lieber meiner Frau statt mir selbst treu sein?«
»Exakt!«
Am nächsten Tag erscheint der Chef wie immer im Anzug im Büro – im Vorbeigehen zwinkert er mir zu.

Halte jeden Tag ein Nickerchen

Ein Professor für Humanentwicklung, Karl Pillemer, wollte wissen, was Menschen am meisten bereuen, wenn sie auf ihr Leben zurückblicken. Dazu befragte er Hunderte von Senioren ab 65 Jahren auf der Online-Plattform Quora. Pillemer gab die Antworten nicht vor und ließ sich vom Ergebnis überraschen.
Ich wiederholte die Umfrage in meinem Bekannten- und Freundeskreis. Folgende Antworten bekam ich unter anderem zu hören:

- Diesen Mann geheiratet zu haben
- Keine feste Bindung eingegangen zu sein
- Zu wenige Affären gehabt zu haben
- Meine Affäre
- Keinen kreativen Beruf gewählt zu haben, sondern Jurist geworden zu sein
- Diesen kreativen Beruf gewählt zu haben und nicht Betriebswirt oder Jurist geworden zu sein
- Geraucht zu haben
- Zu wenig genussvoll gelebt zu haben
- Immer im gleichen Kaff geblieben zu sein
- Zu oft von einer Stadt in die andere umgezogen zu sein
- Nicht mehr Zeit mit den Kindern verbracht zu haben
- Wegen der Kinder auf die Karriere verzichtet zu haben
- Zu viel Besitz angehäuft zu haben
- Zu wenig gespart zu haben
- Zu brav gewesen zu sein

- Zu aufmüpfig gewesen zu sein und den Job deshalb verloren zu haben
- Viel zu wenig in der Natur gewesen zu sein (Wanderungen)
- Nicht noch einmal studiert zu haben
- Keine Kinder zu haben
- Den Sohn in die Firma geholt zu haben

Aus den ausgewählten und hier zusammengefassten Antworten wird deutlich: Oft bereuen Menschen genau das Gegenteil von dem, für das sie sich einst entschieden hatten. Doch diese Antworten waren meist nur die ersten, spontanen – wenn die Leute ein wenig nachdachten, korrigierten sie sich meist. Und kamen schließlich zu einer ganz anderen Einsicht – die sich völlig mit der viel größeren Umfrage von Karl Pillemer deckt und seine Untersuchung bestätigt. Am meisten bereuen Menschen über 65 vor allem eins: sich zu viele Sorgen im Leben gemacht zu haben.
Abraham Lincoln, der 16. Präsident der Vereinigten Staaten, kam wohl auch zu dieser Einsicht der Unsinns-Sorgen, denn von ihm stammt der Tipp: »Halte dir jeden Tag dreißig Minuten für deine Sorgen frei und in dieser Zeit mache ein Nickerchen.«

Das Leben ist ein Ventilator

Googelt man »Das Leben ist …«, tauchen jede Menge Zitate, Titel und Sprüche auf. Das Leben ist …

- … keine Kunst (Wladimir Kaminer)
- … kein Pausenhof (Bastian Bielendorfer)
- … ein Bauernhof (ARD-Serie)
- … schön (Sarah Connor und viele andere mehr)
- … der Ernstfall (Jürgen Leinemann)
- … ein Roman (Alain Resnais)
- … das, was einem begegnet, während man auf seine Träume wartet (unbekannt)
- … süß (Kochrezeptseite)
- … gut (Alex Capus)
- … zu kurz, um ein langes Gesicht zu machen
- … zu lang (Dany Levy)
- … zum Kotzen (Léo Malet)
- … großartig und irgendwann geschmacklos wie ein Dreigroschenroman (Reinhard Mey)
- … schmutzig (Anne Goldmann)
- … ein Bumerang – man bekommt immer zurück, was man gibt (unbekannt)
- … zu kurz, um »vielleicht« zu sagen (unbekannt)

Also eigentlich ist das Leben ja selbst zu kurz, um Sprüche dazu zu googeln, oder? Wie auch immer, das Leben muss als Metapher und Projektionsfläche ganz schön viel aushalten. Klar, wir haben ja nur eins und wollen es bisweilen einfach kurz und knapp auf den Punkt bringen.

Mein Leben auf den Punkt gebracht, heißt: Das Leben ist ein Ventilator.

Wie ich zu dieser Aussage komme? Nein, ich verkaufe weder haupt- noch nebenberuflich Ventilatoren. Dahinter steckt eine andere Geschichte, die schon in meiner Kindheit begann.

In unserer Familie – wie vermutlich in vielen anderen deutschen Familien auch – hieß es immer: »Pass auf vor Zugluft«. Weil man sich erkälten könnte, fuhr man auch im Hochsommer im Auto mit geschlossenen Fenstern. Und so schwitzte ich meine liebe lange Kindheit vor mich hin, wenn es heiß war und wir mit der Familienkutsche unterwegs waren. Dabei hasse ich nichts mehr, als schwitzend und brütend Hochsommertage zu verbringen. Wie schön war es dagegen im Urlaub am Meer mit dem stets kühlenden Wind – und im Hotelzimmer mit einem Deckenventilator. Als Kind dachte ich natürlich nicht darüber nach, aber im Urlaub schien die Zugluft, die vom Deckenventilator ausging, für meine Eltern keine Gefahr zu sein. Gesund und munter fuhren wir wieder (selbstverständlich mit geschlossenen Autofenstern) von Italien nach Deutschland zurück.

Irgendwann zog ich aus, studierte – und fuhr mit klammheimlicher Freude mit *offenen* Autofenstern im Hochsommer zu meinen Eltern in die Ferien. Ich erkrankte nicht tödlich dabei und holte mir noch nicht mal Rheuma, vor dem ich ebenfalls immer gewarnt worden war. Dann lernte ich meinen Mann kennen. Bei der ersten Autofahrt zusammen im Hochsommer rief er: »Mach die Fenster zu! Du holst dir sonst noch den Tod.« Aha, dachte ich, es scheint also doch mehr dran zu sein, an diesem Mythos über die Schädlichkeit von Zugluft, den ich bis dahin nur in meiner Familie verortet hatte. Hatte ich bisher nur riesiges Glück

gehabt, wenn ich alleine im Auto mit offenen Fenstern gefahren war?
Alex und ich heirateten und bekamen Kinder. Im Hochsommer fuhren wir – schon alleine der Kinder wegen – stets mit geschlossenen Autofenstern in den Urlaub. Im Hotelzimmer stellte mein Mann stets als Erstes den Deckenventilator aus, und eine Residenz mit Klimaanlage wäre niemals in Frage gekommen – völlig unnatürlich und ungesund, behauptete mein Mann. Als ich einmal trotzdem auf einem klimatisierten Hotelzimmer bestanden hatte, bekam mein Mann zwei Tage später eine Bronchitis, an der natürlich eindeutig ich und der unnatürlich kalte Raum schuld waren. Das Thema war fortan durch.
Dann aber zogen wir in eine neue, größere Wohnung, in der ich mir ein Arbeitszimmer einrichtete (Südseite!). Und als einmal die Büros in meiner Firma renoviert wurden, musste ich von zu Hause aus die Jobs erledigen. Im Sommer knallte die Sonne in mein Home-Office, und ich verstand plötzlich, warum es in der Bibel heißt, »im Schweiße deines Angesichts« sollst du dein Geld verdienen. Es war irre heiß, ich schwitzte, ich konnte keinen klaren Gedanken fassen, ich konnte nicht arbeiten. Ich klapperte alle Online-Portale ab, in der Hoffnung, dass mir eins davon schon ab dem Folgetag kühleres Wetter versprach. Aber nein, alle waren sich einig: Es sollte weiterhin so heiß bleiben.
Warum habe ich eigentlich nicht beizeiten (also gleich nach unserer ersten Fahrt in den Urlaub) meinen Mann verlassen und stattdessen eine Wohnung mit Klimaanlage bezogen? Ach, wie weit so eine Hitze empfindliche Menschen wie mich bringen kann! Ich surfte weiter und landete zufällig auf der Wetterseite von Jörg Kachelmann. Fassungslos las ich dort: Nur die Deutschen halten Luftzug für schädlich –

ein Ventilator ist bei dieser Hitze genau das Richtige! Kachelmann machte sich zudem darüber lustig, dass Deutsche in heißen Ländern die Vorzüge eines Deckenventilators genießen (mit Ausnahme meines Mannes), aber niemals in der eigenen Wohnung ein solch teuflisches Gerät einbauen würden.

Gleich am nächsten Tag besorgte ich mir einen Ventilator. Die Erleichterung war so groß, dass ich im Geiste ausrief: »Das Leben ist ein Ventilator!« Okay, ich brauchte 50 Jahre bis zu dieser Einsicht – aber ich genieße diesen kleinen Befreiungsschlag seitdem an jedem heißen Sommertag und schreibe diese Zeilen gerade in einem luftigen Arbeitszimmer. Herrlich!

Nörgelqueen

Nörgeln ist das Gegenteil von konstruktiver Kritik. Wir sagen nicht: »Ich liebe es, dass du so ein Familienmensch bist und so viel Wert auf das gemeinsame Abendessen legst. Ich würde mir bloß wünschen, dass du vielleicht das nächste Mal beim Essen erst sprichst, wenn dein Mund leer ist.« Nein, wir sagen: »Es ist nicht mehr auszuhalten, wie du schmatzt. Fehlt bloß noch, dass du am Esstisch furzt.«
Kikki und ich haben uns schon mehrmals gefragt – ohne je zu einer Antwort zu kommen –, wieso langjährige Beziehungen aus uns regelrechte Nörgelmonster machen. Wir vergessen alles, was wir bei Kollegen, Kindern oder Nachbarn anwenden (Ich-Botschaften, konstruktive Kritik, und dabei immer schön Respekt vermitteln). Sobald es um den Partner geht, werden wir zu gnadenlosen Nörglern und dreschen auf den Liebsten ein, als handelte es sich um das Ekel Alfred aus der gleichnamigen alten Fernsehserie (erinnert sich daran außer mir eigentlich noch jemand?). Kikki, besagte Psychologin, die andere Paare therapiert und Kommunikationstrainings gibt, sagt, wenn es um ihren Mann gehe, vergesse sie alles, aber auch alles, was eine gute Paarkommunikation ausmache. O-Ton Kikki: »Meistens nörgle ich nur an ihm herum.«
Dabei gibt es auch die Variante des schweigenden Nörgelmonsters. Meine Schwester Heidi würde nie, nie in ihrem Leben zu ihrem Partner sagen: »Es ist einfach ekelhaft, wie du schmatzt!« Eher würde sie eine Geschlechtsumwandlung machen oder lesbisch werden als nur ansatzweise das

Verhalten ihres Mannes kritisieren. Auf Heidi trifft der Satz zu: Wenn Blicke töten könnten, wäre schon jeder Zweite ihrer Gesprächspartner unter der Erde. Ich weiß nicht, wie sie das eigentlich bewerkstelligt, aber meine Schwester ist stets höflich – und zugleich unterirdisch bestimmend. Würde Alex in ihrer Nähe schmatzen (bezeichnenderweise hat er das noch nie gemacht), würde sie sicherlich kein Wort darüber verlieren, aber Alex würde mich nachts um vier Uhr aufwecken und mich fragen, warum er sich neben Heidi eigentlich immer so unendlich klein fühlt. »Irgendetwas« an Heidi würde ihm vermitteln, er sei ja nur ein kleiner Proll, eine Nullnummer, eine Versagerexistenz. So in der Art.
Heidi ist übrigens in vierter Ehe verheiratet. Andere Männer haben sich die Fragen, die ich Alex eben in den Mund legte, wohl auch schon gestellt. Drei der Männer verließen meine Schwester fluchtartig. Nur Mann Nummer zwei warf Heidi eigenhändig aus der Wohnung. Der schmatze zwar nicht, aber Heidi hatte noch weitaus unappetitlichere Geräusche aus dem Schlafzimmer gehört, als sie einmal zwei Stunden früher als geplant Feierabend hatte und nach Hause kam – das Stöhnen einer anderen Frau.
Noch bitterer als das Eingeständnis, die Leichtigkeit verloren zu haben, noch bitterer als der Blick in den Spiegel, bei dem uns Falten im Gesicht und schwabbelnde Oberarme entgegenspringen, und noch weitaus bitterer, als den allgemeinen Sound der Jugend in der Gesellschaft zu hören, ist der Augenblick, wenn wir entdecken, ein Nörgelmonster geworden zu sein. Ganz so wie die Schwiegermutter aus früheren Karikaturen. Ganz so wie die Patentante, die bei der Konfirmation die Gesellschaft aufmischte, weil das Lokal zwei Stühle zu wenig, eine Torte zu viel und prinzipiell überhaupt kein »Ambiente« vorzuweisen hatte. Eine Nörg-

lerin vor dem Herrn, eine Karma-Bitch, eine Bissgurn, wie die Bayern sagen, oder eine Xanthippe, wie solche Frauen nach der altgriechischen Gattin von Sokrates heißen.

Bei der Konfirmation meines Neffen fragte ich meine Schwester Heidi, ob die Lokalwahl wirklich so gut gewesen sei – in diesem spießigen Ambiente käme doch keine Stimmung auf, es seien zu wenig Sitzgelegenheiten vorhanden, und mit so viel Kuchen würden die Gäste von der Qual der Wahl erschlagen. Ich hätte mir zwar im gleichen Moment auf die Zunge beißen mögen, weil ich die Feier nicht versauen wollte, aber die böse Bemerkung war schon draußen. Heidi sagte – wie nicht anders zu erwarten – nichts darauf, aber ihre Blicke verwiesen mich in das zumindest in ihrer Phantasie existierende Reich bereits verblichener ignoranter Volltrottel, die sie okular getötet hatte. Seitdem halte ich mich zwar bei anderen zurück, aber Alex kriegt nach wie vor meine – nennen wir es mal so – spontanen, altersgemäßen, impulsiven Äußerungen ab. Und so schimpfe ich mich selbst schon »Nörgelqueen«. Als solche wollte ich eigentlich nicht enden. Und so hadere ich ständig mit meinem Alltagsverhalten, bis Kikki mich eines Tages aufgeregt anrief.

»Stell dir vor, wir sollten noch mehr nörgeln!« Lautes Lachen am anderen Ende der Leitung. »Wirklich, ich mein das ernst. Ich schick dir gleich mal eine Studie, lies, lies das!« Neugierig öffnete ich die Mail und schmunzelte. »Nörgelnde Ehefrauen sind gut für die Gesundheit«, las ich. Es war ein Artikel der Schweizerin Tamara Wernli, die ihre Aussagen mit Studien der Michigan State University belegte. Dortige Wissenschaftler hätten herausgefunden, dass Männer mit nörgelnden Gattinnen tendenziell weniger Diabetes entwickelten und allgemein gesünder seien. Der Zusammenhang: Frauen, die an ihren Männern herummeckerten, regulierten dabei besser deren Gesundheit, denn in der Folge fortgesetzter Nörgelorgien passten Männer mehr auf sich auf. Die Studie war über einen Zeitraum von fünf Jahren mit über tausend verheirateten Paaren durchgeführt worden.

Wunderbar! Jetzt habe ich einen Freibrief dafür, eine Nörgelqueen zu werden! Doch seltsam – seitdem ich weiß, dass ich nicht nur nörgeln darf, sondern sogar sollte, macht es nicht mehr so richtig Spaß. Ist mir denn die Gesundheit meines Mannes nichts wert? Liebe ich Alex nicht genug, um ihm das Alltagsleben so richtig zur Hölle zu machen? Was bin ich nur für eine Partnerin? O Gott, ich beginne, an mir selbst herumzunörgeln, das ist ja noch schlimmer, und sicherlich nicht meiner eigenen Gesundheit zuträglich. Komm schon, Alex, schmatz mal wieder oder liefere mir sonst ein paar Gründe, so richtig biestig zu werden!

Romeo und Julia, later.
Dramolett in drei Akten

Erster Akt

Eine Seitengasse von Verona, Romeo und Julia, beide um die 50 Jahre alt, eilen aneinander vorbei. Plötzlich bleiben beide stehen und drehen sich langsam um.

JULIA *(ungläubig)* Romeo?
ROMEO *(ungläubig)* Julia?

Sie gehen aufeinander zu. Sie sehen sich fest in die Augen, schweigen eine Weile.

JULIA Wie ... wie geht es dir?
ROMEO Ich hätte dich fast nicht wiedererkannt!
JULIA Ich dich auch nicht ... du hast Falten, fast alle deine Haare verloren.
ROMEO Und deine Haare sind grau ... aber sie glänzen immer noch.

Die beiden sehen sich in die Augen, sie können die Blicke nicht voneinander lassen. Romeo nimmt Julias Hand – sie will die Hand eigentlich zurückziehen, aber dann lässt sie es zu und tritt sogar noch etwas näher auf Romeo zu.

JULIA Und deine Augen strahlen immer noch ...
ROMEO ... wenn ich *dich* sehe.
JULIA 30 Jahre. Es ist 30 Jahre her, als wir uns zuletzt sahen.
ROMEO 31 Jahre ... *(rechnet im Kopf)* 4 Monate und 2 Tage.

JULIA Du weißt das noch?
ROMEO Wie könnte ich diese Nacht jemals vergessen!
JULIA Niemals! Aber ich dachte, du ... dir wäre das längst alles nur noch eine unwichtige Episode in deinem Leben.
ROMEO Die wichtigste in meinem Leben, Julia, nur du ... *(seine Worte stocken)*
JULIA *(schmiegt sich an ihn an)* Warum nur?
ROMEO Ja, warum nur? Ich habe es mich Tag und Nacht gefragt.
JULIA Ich auch! Warum waren wir so feige? Warum haben wir uns einschüchtern lassen von unseren Eltern, von allen, die uns sagten, unsere Liebe würde tödlich enden?
ROMEO Warum wagten wir es nicht?
JULIA Bruder Lorenzo hätte uns sogar getraut. Heimlich. Ohne die Eltern.
ROMEO Ich weiß alles noch, alles! Wir hatten sogar schon die Ringe, beim besten Goldschmied der Stadt hatte ich sie in Auftrag gegeben.

Julia zieht eine Halskette unter ihrem Oberteil hervor, daran hängen zwei Ringe.

ROMEO Du hast sie noch? Ich bin sprachlos ... Julia!

Romeo umarmt Julia auf offener Straße. Sie küssen sich kurz auf den Mund, dann treten sie wieder einen Schritt zurück.

JULIA Hast du eine andere Frau geheiratet ... liebst du eine andere?
ROMEO Ja, ich habe eine andere Frau ... vier Kinder mit ihr. Und du?

JULIA Ja, ein anderer Mann, sieben Kinder.
ROMEO Und die Ringe? Hat er nie gesehen, wie du sie am Herzen trägst?
JULIA Ich sagte, sie seien Erbstücke.
ROMEO Gott gibt uns eine zweite Chance!
JULIA Wie meinst du das?
ROMEO Diese Begegnung ist kein Zufall.
JULIA Aber wir hatten doch damals auch schon unsere Gründe … Und jetzt ist es zu spät.
ROMEO Es ist nie zu spät, wir sind noch jung genug …
JULIA Mit 50?
ROMEO Wir sind in der Mitte des Lebens.
JULIA In der Mitte des Lebens? Glaubst du, du wirst 100?

Romeo fällt vor Julia auf die Knie, er küsst ihre Hand.

ROMEO Julia, ich bitte dich, werde meine Frau! Wir gehören zusammen. Wir werden alles nachholen, was wir versäumt haben.

Julia zieht ihn hoch.

JULIA Ach, Romeo, wie gerne würde ich das! Aber wir können doch nicht alles hinwerfen, unsere Ehen, unser bisheriges Leben.
ROMEO Und warum nicht? Ich liebe dich, Julia!
JULIA Ich liebe dich auch! Noch immer!

Die beiden küssen sich. Vorhang

Zweiter Akt

Verona, eine Gasse, vor einem Haus, ein Jahr später. Man hört, wie im Wohngebäude Geschirr zertrümmert wird, gefolgt von Geschrei. Julia kommt auf die Gasse gelaufen, Romeo eilt ihr nach und hält sie fest.

ROMEO Wo willst du hin?
JULIA *(fauchend)* Lass mich los! Ich gehe!
ROMEO Wohin? Wohin?
JULIA Ganz egal, nur weg von dir.
ROMEO Du hast das Geschirr zertrümmert, du hast dich ausgetobt, es war nur ein Streit.
JULIA Lass mich endlich los! Nein, das war nicht nur ein Streit, wie so viele, wie eigentlich andauernd, seitdem wir zusammenwohnen.
ROMEO Das Haus ist verwünscht.
JULIA Nein, nicht das Haus ist verwünscht! Das verfluchte Jahr, seitdem ich mit dir zusammen bin, ist verwünscht! Du alter Knacker!
ROMEO *(lässt sie los / schwenkt um)* Was glaubst du eigentlich, wer du bist? Jung und knackig bist du auch nicht mehr.
JULIA *(ringt nach Luft)* Du … du …
ROMEO Du führst dich auf wie ein junges Mädchen, das sich das noch leisten kann.
JULIA Und du bist ein alter Spießer, dem ich die Pantoffeln bringen soll.
ROMEO Schau dich doch mal an …
JULIA Unverschämtheiten jetzt auch noch. Und eben hast du noch behauptet, du liebst mich.
ROMEO Das vergeht mir gerade.
JULIA Und mir ist es schon lange vergangen. Was war ich

nur für ein Schaf! Wegen einer irren Jugendliebe hab ich meinen Mann verlassen.

ROMEO Und ich meine Frau!

JULIA Deine Ehe war doch sowieso schon hinüber, das war keine Leistung.

ROMEO Wie kommst du darauf? Meine wunderbare Frau …

JULIA … wird es im Alltag mit dir auch nicht mehr ausgehalten haben. Ein Dreckskerl, der nur bedient werden will, nur muffig ist, nie Geschenke bringt. Und sie war froh, als du weg warst.

ROMEO Wer sagt das?

JULIA Ich.

ROMEO Lüge, dreiste Lüge! Wie immer. Wie oft hast du mich schon angelogen. Angeblich warst du beim Wäschewaschen und in Wirklichkeit beim Weiberratsch.

JULIA Neben dir bleibt einem ja nichts anderes übrig, als zu fliehen und zu lügen.

ROMEO Ach, und jetzt bin ich daran auch noch schuld?

JULIA Mir egal, was du meinst. Es ist vorbei. Ich bin hier weg!

ROMEO Bitte! Geh doch! Und schau mal, ob dich noch wer anders nimmt. Deine Hängepartien …

Julia gibt ihm eine Ohrfeige.

JULIA Hängepartien! Du sagst es! Bei dir hängt es auch, ein Glied, das nicht mehr steht.

Romeo packt sie und hat Mühe, an sich zu halten.

ROMEO Du bist der größte Fehler in meinem Leben gewesen.

JULIA Nein, du! Ich hasse dich!

ROMEO *(ernüchtert)* Und für dich hätte ich damals sterben wollen – wirklich, ich hätte es damals getan.
JULIA *(ernüchtert)* Ich auch. Wirklich. Damals.

Julia streift sich den Ring von der Hand und wirft ihn auf den Boden. Romeo tut es ihr nach. Julia kauert sich plötzlich zusammen und weint. Romeo lehnt sich hilflos an die Hauswand.

Dritter Akt

Eine Szene wie zu Beginn des zweiten Akts, wieder ein Jahr später. Man hört Geschrei aus dem Haus, Romeo und Julia eilen sichtlich gealtert auf die Straße und zanken sich lautstark. Ein eleganter, älterer Herr betritt die Bühne und spricht zum Publikum, während Romeo und Julia streitend in den Hintergrund gehen und leiser werden.

SHAKESPEARE Gestatten? Shakespeare mein Name. Gestatten, dass ich mich selbst zu dem Geschehen zitiere? »Es gibt Gezeiten auch für unser Tun. Nimmt man die Flut wahr, führt sie zum Glück, versäumt man sie, so muss die ganze Reise des Lebens sich durch Not und Klippen winden.« Sie sehen, mein Drama funktioniert mit Älteren nicht, und so muss ich mich leider meiner Figuren entledigen. »*Whom the gods love die young.*«

Shakespeare zieht zwei Pfeile aus seinem Köcher und tötet Romeo und Julia mit zwei gezielten Schüssen ins Herz.

ENDE

Rein technisch gesehen

Als Jugendliche habe ich über eine Tante geschmunzelt, die nicht wusste, wie man eine Glühbirne wechselt.
Kaum hatte ich den Führerschein, fand ich es unverständlich, dass die Nachbarin, die mit ihren 50 Jahren gerade auch die Fahrerlaubnis erworben hatte, keinerlei Anstalten machte, weitere praktische Erfahrungen zu erwerben, und sich stattdessen weiter von ihrem Mann chauffieren ließ.
Als der Walkman aufkam, kaufte ich begeistert dieses Gerät und entfädelte alle Augenblicke geduldig den Bandsalat.
Mein damaliger Freund und ich gehörten zu den Ersten, die als Studenten geduldig auf einen Videorekorder hin sparten – voller Begeisterung über die zeitliche Unabhängigkeit einer Ausstrahlung nahmen wir auch eine komplett unverständliche Bedienungsanleitung in Kauf. Drei Tage lang kämpften wir uns trotzdem begeistert durch die extrem komplizierte technische Beschreibung und brachten den Videorekorder schließlich zum Laufen.
Kurz vor meiner Abschlussarbeit an der Uni stand eine andere Entscheidung an. Meine Kugelkopf-Schreibmaschine war kaputt. Sollte ich mir eine neue kaufen oder auf einen Computer umsteigen? Hatte so ein Computer Zukunft? Mein Freund und ich diskutierten hin und her. Er hielt Computer für überschätzt. Ich investierte in einen Atari und schrieb schließlich meine Magisterarbeit auf diesem unglaublichen Gerät, bei dem man alles völlig unsichtbar für irgendwelche Professoren ausbessern konnte.
In den darauffolgenden Jahrzehnten gab es noch ein paar mehr Stationen technischer Neuerungen in meinem Leben:

nach der Entbindung vom ersten Kind einen Trockner und ein Babyphone, später ein Auto mit Radio und CD-Laufwerk (nie mehr Bandsalat!), eine digitale Fotokamera (nie mehr teures Filmmaterial verbrauchen wegen eines unachtsamen Wacklers!) und einen Glaskeramikherd (nie mehr die verkrusteten seitlichen Ränder der Herdplatten putzen müssen!).
Aber plötzlich – so zwischen Mitte und Ende 30 – begann die neue Technik, sich sowohl mir als auch Alex zu verweigern. Sie wurde immer zögerlicher, unsere Wohnung zu betreten oder auch nur in unsere Nähe zu kommen. Die einzigen Rebellen, die das dennoch wagten, waren eine Mikrowelle und das Handy.
»Diesen Strahlen traue ich nicht!«, meinte Alex, als ich vorschlug, eine Mikrowelle zu kaufen.
»Aber die ist doch praktisch! Das Essen ganz schnell aufwärmen. Gerade mit kleinen Kindern ist das wunderbar, das hab ich doch bei Dorothee gesehen!«
»Gerade mit kleinen Kindern ist das gar nicht wunderbar! Die Auswirkungen dieser Dinger sind doch noch gar nicht erforscht. Wer weiß, zu welchen Langzeitschäden die Strahlen gerade bei Kindern führen!« Alex lehnte vehement ab. In seinem Ton lag so eine Bestimmtheit, dass mir klar war, da brauche ich gar nicht mehr weiter zu insistieren, das würde nie was werden.
Einig waren wir uns hingegen von Anfang an in der Ablehnung dieser »Knochen«, die sich Männer in Anzügen und Lederschuhen seit neuestem auf offener Straße ans Ohr hielten. Wie rüpelhaft, ohne den akustischen Schutz einer Telefonzelle einfach so und überall zu telefonieren! Nur wichtigtuerischen Börsianern war es offenbar überhaupt gar nicht peinlich, so etwas Intimes wie ein telefonisches Zwiegespräch unter allen Leuten abzuhalten! Und dazu

noch die Strahlung – womöglich war die schlimmer als Radioaktivität und sicher viel schlimmer als die einer Mikrowelle. Wer wusste das schon? Nein, nein, nein, so Alex und ich unisono, ein solches Gerät würden wir uns nie und nimmer zulegen.

Als Lukas vier und Eva zwei Jahre alt war, fuhr ich mit ihnen über die A9 München–Nürnberg zu meinen Eltern. Plötzlich ein Stau. Nicht Stop and Go, sondern Totalstau. Nichts ging mehr. Es musste etwas Schlimmes passiert sein. Alle Fahrbahnen in Richtung Norden waren komplett gesperrt. Eine Stunde warten, zwei Stunden warten, drei Stunden warten – und schließlich noch mal eine Stunde. Vom Spaß mit zwei Kleinkindern in einem Auto bei einem Stau über vier Stunden will ich jetzt gar nicht erzählen. Das würde ein eigenes Buch füllen. Was mir in diesen vier Stunden aber auch klar war – meine Mutter wird die Nachrichten hören. Sie wird halb sterben vor Angst, ob uns nicht etwas zugestoßen ist.

»So, und jetzt kaufst du dir ein Handy!«, begrüßte mich meine Mutter denn auch bei der Ankunft. »Ob du willst oder nicht. Das bezahle ich! Dann kannst du wenigstens anrufen im Stau und mir sagen, dass alles in Ordnung ist!« Sie und mein Vater hatten gerade einen Urlaub mit einem anderen Paar verbracht, das ein Handy besaß und mit den Kindern so in Kontakt bleiben konnte, ohne im Ausland erst mühsam Telefonzellen oder Postämter suchen zu müssen.

Meine Mutter legte gleich noch eine Schippe drauf: Ob nicht auch immer mehr Leute in meiner Firma ein Handy hätten, mit dem sie sich Nachrichten schreiben könnten? »Simse« oder so ähnlich hießen diese Dinger, die man auch von unterwegs aus absetzen könnte. Es war offensichtlich, dass sich meine Mutter Sorgen machte, ich könnte in der

Firma als »Hinterdupfinger« gelten. Und wenn ich schon in den Augen meiner Mutter ... jedenfalls beschloss ich, mein erstes Handy zu erstehen. Alex und ich waren uns beim Kauf einig: Ein einziges dieser Geräte in der Familie würde absolut genügen. Es ginge ja nur um Notfälle, wegen der Kinder oder einem Stau oder einer wichtigen beruflichen Nachricht und so.

Zwei Jahre später hatte Alex ein Handy, mit dem man sogar fotografieren konnte. Sein Job habe das erfordert, wie er nicht müde wurde zu betonen. Aber was für eine Sensation! Ein Handy, das fotografieren konnte! Bei einem Kindergartenfest scharten sich alle Männer staunend um Alex und diesen Wahnsinnsapparat.

Aber danach war es plötzlich ganz und gar vorbei – alle späteren technischen Neuerungen wurden von uns nur noch angenommen, wenn es absolut unumgänglich war. Mein Smartphone verdankt sich einem Handtaschendiebstahl, in dessen Zuge mein geliebtes Nokia (ganz ohne Kamera!) verschwand und weshalb ich mir ein neues Gerät zulegen musste. Die alten Knochen gab es da schon nicht mehr, nur noch diese »Wischkästen«. Alex' Handy fiel einem Waschmaschinengang zum Opfer, seitdem ist auch er Besitzer eines Smartphones. Unser surrendes Modem, um online zu gehen, wurde aus Kostengründen abgeschafft und durch eine Flatrate ersetzt – es wäre absurd gewesen, den vierfachen Preis für weitaus weniger Leistung zu bezahlen. Aber ein Navi? Nein, wozu? Das ist doch nicht nötig, wir können doch Karten und Pläne lesen!

Als der alte DVD-Rekorder neulich den Geist aufgab, saßen Alex und ich auf dem Sofa und blickten uns kopfschüttelnd verständnisvoll an. Alex sprach aus, was ich dachte: »Sollen wir uns wirklich noch mal einen neuen kaufen? Den benutzt doch eigentlich auch kein Mensch mehr. Das

ist doch irgendwie ein Schmarrn, was zu kaufen, was schon überholt ist.«
Ich nicke und zucke ratlos mit den Schultern.
»Das geht künftig alles über Streaming – heißt das so?«
Wenn Alex schon mal eine Wissenslücke speziell in technischen Dingen zugibt, dann ... ja, dann müssen wir wohl alt geworden sein. So alt wie meine Urgroßmutter, die dem Radioapparat seinerzeit misstraute und hinter das Gerät guckte, ob sich dort nicht doch ein winziger Mensch mit Stimme versteckt hatte. Das war zwar nicht der Fall, aber der unguten Strahlung so eines Apparates misstraute sie trotzdem von Grund auf und verbat sich, dass so ein Radio in ihr Haus käme. Zu dem Zeitpunkt war meine Urgroßmutter etwa 35 Jahre alt.
Alex und ich sind über 50. Es steht uns mehr als zu, nichts mehr mit technischen Neuerungen, die nicht unbedingt erforderlich sind, am Hut haben zu wollen. Ob wir nun eine absurde Angst vor Strahlen egal welcher Art oder schlichtweg keine Lust mehr haben, wieder eine Bedienungsanleitung verstehen zu müssen. Wir sind mittlerweile zu alt, um ewig jung bleiben zu müssen. Zumindest, was die technischen Neuerungen betrifft. Denn nach dem überraschenden Abschied unseres DVD-Rekorders habe ich eine ganz analoge Idee, die schnurstracks vom Wohnzimmer in eine alte Kneipe führt. Gut, dass die Kinder mittlerweile so groß sind, dass sie ständig mit dem Smartphone oder sonstigen technischen Neuerungen beschäftigt sind und gar nicht mitkriegen, was die Eltern so treiben.

Unter uns Betschwestern

Mal im Vertrauen: Wenn Sie superreich wären oder plötzlich im Lotto gewinnen würden, würden Sie sich nicht einer Schönheits-OP unterziehen? Würden Sie nicht jede zweite Woche bei der Kosmetikerin aufschlagen? Würden Sie sich nicht Vampir-Lifting machen oder den Po straffen lassen? Männer reduzieren uns bisweilen – wie wir alle wissen – auf den Körper. Aber auch wir selbst schalten manchmal den Verstand aus. Kurioserweise vor allem dann, wenn es um unseren Körper geht. Genauer: um unseren alternden Körper. Jede von uns würde vermutlich für jede andere blind den Satz unterschreiben: »Nach der Schönheits-OP bist du auch nicht glücklicher.« Aber für uns selbst?
Frauen sind im Schnitt bis zum Alter von 45 Jahren glücklicher als Männer, danach ist es umgekehrt. Das stellte eine Studie der Wirtschaftsprofessorin Anke Plagnol von der Universität Cambridge fest.
Die Ursachen liegen auf der Hand: Wir definieren uns immer noch stärker über den Körper als Männer. Mit jeder Falte, mit jedem grauen Haar und mit jedem Altersfleck sinkt unser Selbstwertgefühl und mit ihm unsere Zufriedenheit. Wider besseres Wissen kaufen wir uns teure Anti-Aging-Cremes, in der verzweifelten Hoffnung, unseren ästhetischen Niedergang damit zu verzögern. Wenn der Geldbeutel es hergibt, lassen wir uns Botox spritzen und geben dabei unsere Mimik in der Arztpraxis ab – angeblich suchen Hollywood-Produzenten schon europäische Schauspielerinnen, weil diese noch nicht den »Reihenimpfungen«

erlegen sind und noch richtig grimassieren können. Und die Betuchten unter uns leisten sich ein Face-Lifting, lassen sich Fett absaugen oder die Lippen aufspritzen.

Eine Münchner Schönheits-Praxis wirbt nicht nur mit dem Slogan »Schönheit ist machbares Glück«, sondern auch mit »Schönheit hat kein Alter«.

Schönheit hat kein Alter? Das mag ja so mancher Mann tatsächlich denken, wenn er sich eine 30 Jahre jüngere Frau nimmt – aber als Werbespruch für eine Schönheitspraxis ist der Slogan schon ziemlich dreist! Dem Arzt möchte man am liebsten entgegnen: »Eine Schönheits-OP hat keinen Preis«, oder? Mehr als eine Million deutscher Frauen lassen sich jährlich mit Botox behandeln – Tendenz steigend. Bei einem Preis von rund 300 Euro pro Sitzung lässt sich auch ohne Taschenrechner der Umsatz dieses wachsenden Marktes leicht ausrechnen.

So konsumkritisch wir sonst sein mögen – an die Briefkästen bringen wir Aufkleber an mit »Bitte keine Werbung«, den Kindern erklärten wir, dass hinter Fast Food eine Kette steckt, und mit Ad-Blockern blenden wir Werbung auf Internet-Seiten aus. Wenn es aber darum geht, schöner und jünger auszusehen, setzt bei uns offenbar ein persönlicher Denk-Blocker ein. Vor allem in gemischten Runden mit Männern behaupten wir zwar gerne: »Ich würde das nie machen.« Aber Hand aufs Herz: Haben Sie nicht auch schon mal Preislisten und Schönheitspraxen in der Nähe gegoogelt? Oder gehören Sie zu der einen Million Frauen, die sich ohnehin schon mit Botox behandeln haben lassen?

Also ich finde ja, jede Frau mit dem nötigen Kleingeld darf das machen, wenn ihr das wichtig ist, wenn sie sich danach besser fühlt und vielleicht sogar glücklicher dadurch wird. Ich würde nie den Kopf darüber schütteln oder andere

Frauen verurteilen, was sie da für einen absurden Schmarrn machen – nur ich selbst würde das auch bei einem Lottogewinn selbstverständlich niemalsniemalsniemalsnienienie- nicht machen.

Vom Bruttonationalglück

Was haben wir für ein Glück, in einer stabilen Demokratie zu leben. Gut, manchen ist die Regierung zu links, anderen zu rechts. Manche sehen Defizite und mahnen, wenn sich Politiker oder andere Organe des Staates nicht an die Spielregeln halten. Andere regen sich über zu hohe Steuern, zu wenig Gerechtigkeit oder eine zu große Einmischung des Staates in die Privatangelegenheiten auf. Und einige schimpfen ganz generell auf alle Politiker. Aber ich kenne niemanden, der oder die auch nur ansatzweise mit einem Bürger in einem totalitären Regime tauschen möchte. Wir können Meinungsfreiheit, Rechtsstaatlichkeit, innere und äußere Sicherheit und noch ein paar Dinge mehr genießen; all das, was unsere Vorfahren aus dem schlimmsten Kapitel der deutschen Geschichte lernten und woraus sie unser Grundgesetz zimmerten, auf dessen Boden wir fest stehen. Bei allem Ärger über das eine oder andere – im Grunde genommen reden wir hier und heute über politische Schönheitsfehler und nicht über eine Fehlkonstruktion. Aber warum fühlt sich dann eigentlich niemand politisch glücklich – außer vielleicht Politiker selbst, wenn sie bei Sonntagsreden unsere Demokratie loben?
Sie mögen jetzt einwenden, Glück sei nur individuell erlebbar. Dagegen spricht aber das Wohlfühlen in Gemeinschaften wie einem Sportverein, einem Chor oder einer Krabbelgruppe. Verschiedene Interessen führen uns mit Gleichgesinnten zusammen, und gemeinsam empfinden wir mehr Freude an unserem Tun als jeweils einzeln. Sogar ein Stammtisch zählt dazu – alleine Bier oder Wein zu trinken,

macht einfach weniger Spaß, außer man ist Profialkoholiker.

Auch die Freunde in anderen europäischen Ländern haben noch nie von einem politischen Glücksempfinden erzählt. Es liegt also auch nicht an unserer deutschen Geschichte und den Nazis, die uns heute einen lockeren Umgang mit einem »Nationalgefühl« schwermachen. Glück und Politik – das scheint nicht zusammenzupassen. Selbst bei Google gibt es keinen einzigen Treffer für »politisches Glück«. Geben vielleicht die Vordenker unserer modernen Demokratien eine Antwort darauf? Der Philosoph John Locke legte mit seiner Staatstheorie den Grundstein unserer Staatsform. Geprägt von den blutigen Bürgerkriegen im England des 17. Jahrhunderts, beschrieb er ein revolutionäres Gedankengut, das bis heute das politische Denken und die Einstellung zum Staat stark beeinflusst. Gesetze sollten demnach nur dem Wohl des Volkes dienen und die Gewalten Exekutive und Legislative getrennt werden, um Missbrauch zu verhindern. Montesquieu führte später Lockes Gedanken fort und forderte auch eine Judikative – so wie wir heute diese Form der Gewaltenteilung im Prinzip in allen Demokratien haben. Aber was eine »Anleitung zu einem politischen Glück« angeht – Fehlanzeige.

Nur in einem einzigen Land der Welt kümmert sich der Staat höchstpersönlich und ganz offiziell um das Glück seiner Bürger, in Bhutan. Das Land zwischen Indien und China ist etwa so groß wie die Schweiz und hat 700 000 Einwohner. 1972 hat der dortige König das Glück zum obersten Ziel der nationalen Politik ausgerufen. Im Artikel 9, Absatz 2 der nationalen Verfassung steht: »Der Staat bemüht sich, jene Bedingungen zu fördern, die das Streben nach Bruttoinlandsglück ermöglichen.« Dabei gibt es vier Leitlinien für das »Gross National Happiness«: erstens das

Bewahren und zweitens das Fördern der Kultur; drittens das Leben im Einklang mit der Natur und viertens gerechte Wirtschaftsentwicklung und gutes Regieren. Um sicherzugehen, dass die vier Säulen gleich groß sind, hat Bhutan eigens ein Ministerium für das Glück gegründet. Jedes Gesetz, jedes Programm, jeder Bau einer Straße muss nun ein »Screening Tool«, eine Art Röntgenmaschine in Amtsform, durchlaufen. Mit diesem Tool wird untersucht, wie viel Glück für die Gesellschaft in einem neuen Projekt steckt. Das Ministerium will aber auch wissen, wie es den Bhutanern ganz generell geht, und deshalb erarbeitete es den »Bruttoinlandsglück-Erfassungsfragebogen«, mit dem Experten den Glücksindex der Nation berechnen. Er ist 44 Seiten dick und 249 Fragen lang. In Bhutan gibt es 8000 Glücksforscher, die regelmäßig ausschwärmen und das Volk befragen. Wie fühlt ihr euch? Was macht euch glücklich? Die Fragen sind eine Mischung aus Volkszählung und Erkundung der Seelenlage. Konkret lauten sie beispielsweise:

Frage 14: Wie sehr genießen Sie Ihr Leben?
Frage 37: Wie oft achten Sie bei Ihrem Tun auf mögliche Folgen für Ihr Karma?
Frage 157: Wie viele Beamte sind Ihrer Ansicht nach korrupt?
Frage 182: Wenn Sie nachts durch die Straßen gehen: Wie sicher fühlen Sie sich vor Gespenstern?
Frage 195: Pflanzen Sie Bäume um Ihre Farm oder Ihr Haus?

Ganz offiziell setzt man in Bhutan auf Bruttonationalglück statt auf Wachstum. Deshalb sehen Kapitalismusgegner in dem Land das Paradies auf Erden. Doch die nüchternen

Fakten dazu sind weniger erfreulich: Bhutan zählt zu den ärmsten Ländern Asiens. Es ist auf Importe von Lebensmitteln aus Indien angewiesen. Die Arbeitslosigkeit unter der Jugend ist hoch. Der Glückskönig ordnete Anfang der neunziger Jahre die Vertreibung von 100 000 Nepalesen an, die als Flüchtlinge schon länger im Land lebten. Bis heute hausen sie in Lagern hinter der Grenze. Sein kleines Reich schottete der Monarch lange rigoros von der Moderne ab: Fernsehen und Internet waren bis 1999 verboten. Erst seit wenigen Jahren ist ein Parlament zugelassen.

Das klingt in westlichen Ohren befremdlich. Liberale Gesellschaften lassen jeden nach seiner Façon glücklich werden. Die amerikanische Unabhängigkeitserklärung zählt zu den Rechten, die der Staat zu schützen hat, das »Streben nach Glück« – nicht aber das Glück selbst. Wenn eine Regierung ihren Bürgern ein inhaltliches Glücksziel vorgibt, schränkt sie dann nicht die Freiheit ein? Ja, leider, möchte man hinzufügen. Denn so muss beispielsweise in Bhutan jeder in Tracht zur Arbeit erscheinen.

Und wie glücklich sind die Bhutaner nun mit ihrem Staat und ihrem König? Selbstverständlich gibt es dazu ebenfalls Befragungen. In diesem asiatischen Land sind 40 Prozent der Menschen glücklich, 9 Prozent unglücklich. Der Rest liegt wohl irgendwo dazwischen. Sind sie also glücklicher als wir? Die Zahlen aus Deutschland überraschen: Die Mehrheit der Deutschen, 63 Prozent, beschreibt ihr Leben als glücklich und harmonisch. Ganz ohne Glücksministerium.

Triffst du Gott im Treppenhaus ...

Mit zu den eigenartigsten Erfahrungen meiner irdischen Existenz als Mensch von 40 plus zählen die Begegnungen mit Gott. Nein, ich habe keine Erleuchtungen, keine spirituellen Grenzerfahrungen oder gar Erscheinungen. Ich habe mich noch nicht einmal auf den Jakobsweg begeben, mich nicht zu Exerzitien zurückgezogen oder einen »übersinnlichen Chef« in der Natur gesucht. Meine aktive Suche nach Gott beschränkte sich auf die Lektüre des Buches »Deutschland, deine Götter«. Gideon Böss stellt darin fabelhaft alle möglichen und scheinbar unmöglichen Religionen in Deutschland vor.
Offenbar zähle ich zu den wenigen Menschen über 40 hierzulande, die keine spirituelle Sehnsucht verspüren – denn so sicher wie das Amen in der Kirche taucht im Freundes-, Bekannten- und Verwandtschaftskreis seit einiger Zeit bei jedem Treffen irgendwann das Thema Religion auf. Genauer, in Form der Aussage: »Könnte ich nur glauben, wäre ich sicher glücklicher.« Das Thema in Variationen unterscheidet sich deutlich von früheren Diskussionen als U40. Damals stritten wir uns in Kneipen über das Thema, das ich heute auf die einfache Formel herunterbrechen kann: »Ja. Nein. Vielleicht.«
Atheisten sahen in Agnostikern feige Memmen. Agnostiker wiederum warfen Atheisten »Betonköpfigkeit« vor. Gläubige fühlten sich von beiden Seiten auf den Schlips getreten. Und irgendwann kam todsicher die Bemerkung

»Religion ist Opium für das Volk«, die dazu führte, dass die Debatte in der WG, im Verwandtenkreis oder in der Zweierbeziehung (wie das damals hieß) eskalierte.
Für oder wider Glauben zu sein oder gar selbst einen Gott in seinem Leben zu beherbergen, hieß viel mehr als individuelle Spiritualität. Es war ideologisch aufgeladen, wie kaum sonst ein Thema. Nur der Buddhismus war eine Ausnahme – den fanden offenbar alle irgendwie ganz okay. Und über den Islam wurde damals so peripher wie über Lindenblütenhonig debattiert.
Nun aber hat sich Gott – *very tricky* – ganz unverfänglich wieder auf jedes Zusammentreffen, jede Party und jeden Familienevent eingeschlichen. Es finden keine harten Debatten mehr statt, ob es ihn nun gibt oder nicht, ob der Mensch durch ihn schwach oder stark würde, ob er für eine grundsätzliche Werteorientierung wichtig wäre oder nicht. Nein, Gott oder Spiritualität tauchen plötzlich 135 Jahre nach Nietzsches Behauptung »Gott ist tot« als Sehnsucht auf jeder Party auf, und zwar *ex negativo*. Keiner glaubt eigentlich mehr an ihn, aber jeder hätte ihn gern.
Beim Treffen mit meiner Schwester Heidi, in größerer Runde in der Verwandtschaft, bei der Hausparty von Ines-Maria, beim Mittagsplausch in der Kantine oder beim Abendessen daheim mit Dorothee – irgendwann landen Ü-40-Jährige offenbar zwangsläufig beim Thema Gott. Wollen sich Jesus, Allah oder Buddha vielleicht so wieder unter das säkulare Volk mischen? Ist das eine göttliche neue Strategie der Reinkarnation? Oder missioniert Jesus unsichtbar als Anwesender? Ganz schön geschickt – falls die Götter da dahinterstecken! Was ich aber wiederum eigentlich nicht *glaube* ...
So auch an jenem Abend, als Dorothee, Alex und ich nach der Hausparty von Ines-Maria noch ein Glas Wasser bei

uns trinken, um wieder nüchtern zu werden. Es war lustig, wir können morgen ausschlafen, aber in unserem Alter wissen wir auch, dass jetzt mit Alkohol Schluss sein muss, sonst bezahlen wir morgen (und vielleicht auch noch übermorgen) mit Kopfschmerzen und einem zermatschten Körper einen ganzen Tag lang (oder sogar zwei) für das eine Glas zu viel. Dorothee fragt »sicherheitshalber« (auch das taucht im Leben als Ü40 immer öfter auf) nach, ob sie sich auch richtig an den Namen der Gastgeberin erinnert. Die Mutter von Leo, sie heißt schon Ines-Maria, oder? *Yes!* Wir sind uns in unserer Wahrnehmung und unserem Gedächtnis einig: Das ist ihr Name. Und wir haben auch alle drei von Ines-Maria diesen neuen Party-Satz schlechthin gehört: »Wenn ich nur an einen Gott glauben könnte, wäre ich bestimmt glücklicher.« Beim Glas Wasser zum Ausnüchtern stimmen mein Mann Alex und meine älteste Freundin Dorothee überein: Mit einem Gott als oberste Sinninstanz wäre das Leben sinnvoller, leichter und glücklicher. Dumm nur, dass man nicht wirklich an ihn glauben kann.

Ich sitze schweigend bei meinem Glas Wasser, höre zu und denke an meine Kindheit mit der verbiesterten Nachbarin, die jeden Tag in die Kirche ging, aber uns Kinder wie keine Zweite schikanierte. Ich denke an die Bärte tragenden Islamisten, die für Gott Musikinstrumente, Bilder und Weltkulturerbe zerstören und im Namen Allahs morden. Und ich denke an einen calvinistischen holländischen Freund, der erzählte, dass man in seiner Familie schweigend zu essen hatte und dabei bloß keine lustige Bemerkung fallenlassen durfte.

»Ich glaube, ihr verwechselt da etwas!«, widerspreche ich Dorothee und Alex.

Doch Mann und Freundin lassen sich in ihrer Begeisterung

für Gläubige nicht bremsen und bedauern zutiefst, dass sie einfach nicht glauben *können,* sosehr sie das auch *wollten.* Na gut, dann lasse ich das mal so stehen. Doch je mehr sich die beiden bei ihrem jeweiligen Glas Wasser ganz romantisch einem Gott zuwenden, ohne selbst zu glauben, desto mehr frage ich mich, warum sie dann verdammt noch mal nicht einfach *glauben,* sondern nur darüber sprechen.
»Kikki«, schießt mir plötzlich in den Kopf. Sie würde das sofort googlen. Kikki ist leider gerade auf Mauritius. Aber was sie kann, kann ich auch – einfach nachschlagen, beziehungsweise googlen.
Macht Religion glücklich? Wie so oft gibt es dazu sich komplett widersprechende Studien. Andrew Clark von der School of Economics in Paris behauptet, Religion führe zu mehr Zufriedenheit. Terry Sanderson von der britischen National Secular Society hält die Studie für bedeutungslos. »Ungläubige können sich nicht einfach dem Glauben zuwenden, um glücklich zu werden«, meint er.
Zu einem etwas differenzierteren Ergebnis kamen die Forscherteams der Humboldt-Universität und der University of Southampton. Sie nahmen sich Daten von über 200 000 Menschen aus elf Ländern vor. Das Ergebnis der Frage »Macht Religion an sich glücklich?« war eindeutig »nein«. In wenig religiösen Ländern wie Schweden, den Niederlanden und Deutschland, in denen Religiosität in der Gesellschaft weniger hoch angesehen ist und die Kirche keine bedeutende Rolle (mehr) spielt, unterschieden sich gläubige und nicht gläubige Menschen kaum in ihrem Wohlbefinden und Selbstwertgefühl.
In religiösen Ländern wie Polen, der Türkei und Russland ergab sich ein anderes Bild: Dort hatten gläubige Menschen ein höheres Selbstwertgefühl und waren zufriedener als nicht gläubige. Religiosität macht also offenbar glücklich,

wenn Menschen dafür sozial anerkannt werden, nicht aber per se.

Menschen glauben an einen Gott oder mehrere Götter aus ganz anderen Gründen – und nicht, um dadurch glücklich zu werden. Außerdem muss man sich vor Augen halten, dass das individuelle Streben nach Glück historisch-gesellschaftlich gesehen noch ziemlich neu ist – es steckt sozusagen in den Kinderschuhen und lernt gerade laufen. Die großen Religionen sind dagegen viel älter und entstanden, als der Fokus des Menschen noch nicht auf der individuellen Lebensgestaltung und der persönlichen Glückssuche lag, sondern vielmehr im Kollektiv. Noch im Mittelalter signierten Autoren und Maler ihre Texte oder Bilder oft nicht – im Dienst an Gott war es egal, wer das Werk geschaffen hatte. Der einzelne Mensch zählte viel weniger als die Gemeinschaft.

Doch nicht nur historisch gesehen widersprechen die meisten Religionen unserem Streben nach Glück – wo wir im Jetzt und Heute, in unserem einzigen Leben (von dem Nichtgläubige ausgehen) erfüllt sein wollen, zählen für Gläubige andere Werte. Christen und Muslime wollen *nach* dem irdischen Leben in den Himmel kommen, und Buddhisten sorgen sich um die gute Wiedergeburt. Nur das Judentum ist quasi moderner und strebt Freiheit und Emanzipation in einem besseren menschlichen Hier und Jetzt an. Juden verehren keine Gottheit oder glauben an ein Leben nach dem Tod. Der Mensch wird als Einheit von Leib und Seele gesehen: Stirbt der Leib, stirbt auch die Seele. Das Ziel dieser Religion ist deshalb, eine bessere Welt im Hier und Heute zu schaffen.

»Dann könnten sich die Juden die Religion auch gleich sparen!«, kommentiert Alex, als ich mich mit diesen Fakten wieder an den Tisch zu Mann und Freundin setze. »Aber

auch die Christen, Muslime und Buddhisten!«, ergänzt Dorothee und nimmt einen tiefen Schluck aus dem Wasserglas.
»Darauf sollten wir noch etwas trinken«, meint Alex und zieht einen Uraltlikör aus dem Schrank und schenkt ein. Die spirituelle Sehnsucht schaltet offenbar den Verstand aus – morgen wird er das büßen! Doch weil Dorothee auch nicht nein sagt, lasse ich mich ebenfalls verführen. Von wegen, als Ü40 ist man immer vernünftiger!

Ein paar Tage später begegne ich Ines-Maria im Treppenhaus und will ihr die Ergebnisse der Studien erzählen. Ehe ich dazu komme, erklärt sie mir, das Gespräch von neulich sei obsolet. Sie habe Gott gefunden, und ich würde niemals nie auf die Idee kommen, wo: Hier im Treppenhaus. An dem Abend der Party, als sie sich mit mir, Alex und meiner Freundin – wie hieß die noch mal? – darüber unterhalten habe. Sie habe gerade die letzten Gäste verabschiedet und gesehen, wie, genau, Dorothee, so hieß die, beschwipst die Treppe heruntergestiegen sei. Und in diesem Moment habe sie plötzlich begriffen, dass sich Gott auch in Form einer Frau zeigen könne.
»Hä?«, frage ich völlig verdattert. »Gott in Form von Dorothee?«
»Nein!«, korrigiert Ines-Maria lächelnd. »Natürlich nicht.« Sie habe aber plötzlich verstanden, dass Gott und das ganze Universum sich in einem Treppenhaus offenbaren könnten. Was? Ich frage lieber nicht mehr nach. Spirituelle Begegnungen kann man wohl nicht mit dem Verstand erfassen. Schon gar nicht, wenn sie die Form einer angetrunkenen Freundin im Treppenhaus haben. Gottes Wege sind einfach verschlungen – und unergründlich!

Was Sie schon immer über ein glückliches Sexualleben im Alter wissen wollten ...

... jedenfalls bei Gorillas.
Im Zoo von Longleat House in England machten sich Pfleger auf, um dem dortigen Gorillapaar Sambo und Nico neuen Bettschwung zu verleihen. Das alte Affenpaar lebte im Tierpark zwar ganz zufrieden zusammen, aber es kopulierte nicht mehr. Die Zoologen wollten für weiteren Nachwuchs sorgen und wagten sich an ein Experiment: Die älteren Herrschaften sollten mit Pornos stimuliert werden. Die Wissenschaftler schnitten Videos und Filme zusammen, in denen kopulierende Affen gezeigt wurden, und stellten einen Fernseher in den Schlafraum des Gorillapaares, das sich nur tagsüber mit den anderen im Freigehege tummelte. Abend für Abend versuchten die Zoologen nun, die Affen mit den Primatenpornos zu stimulieren. Erfolglos. Das alte Gorillapaar sah sich die Filme zwar höchst interessiert an, machte aber keinerlei Anstalten, das Gesehene umzusetzen. Vielleicht hatten sie in der Jugend noch von Alice Schwarzers PorNO-Kampagne gelesen? ;-)

Läuft. Mit Freundinnen

»Gestern im Supermarkt hab ich mir gedacht: Ist das nicht phantastisch? Ich kann mir jetzt einfach den guten Wein kaufen und das beste Schokoladeneis!«, erzählt Kikki.
»Wie jetzt?«, frage ich. »Hast du im Lotto gewonnen oder was?«
»Nein! Mit ›jetzt‹ meine ich, in meinem Alter. Gestern stand da so ein junges Ding neben mir vor dem Regal und musste nach dem billigsten Wein suchen. Ich weiß noch genau, wie das war, damals in der Ausbildung und danach im Studium. Und heute kann ich einfach eine Flasche Wein oder sonst was mitnehmen, ohne auf den Preis zu gucken.«
Kikki, Dorothee und ich sitzen auf unserem Balkon und genießen ebendiesen Wein, den Kikki tags zuvor gekauft hat. Kikki und Dorothee mögen sich nicht so besonders, weshalb ich gemeinsame Treffen nur selten arrangiere. Aber ich war bei Ikea gewesen, beide wollten, dass ich ihnen etwas mitbringe, und das holen sie nun bei mir ab. Selbstverständlich sind sie höflich zueinander und versuchen, die mangelnde gegenseitige Sympathie vor mir zu verbergen. Nie würde eine über die andere offen lästern. Doch ich kenne beide zu gut, als dass ich nicht wüsste, für wie bescheuert sie die jeweils andere halten. Früher hätte mich das in die Enge getrieben, ich hätte gedacht, ich müsste mich auf die eine oder andere Seite schlagen. Aber in unserem Alter – schon wieder ein Vorteil – weiß ich einfach, dass

dies nicht nötig ist. Mit jeder der Freundinnen habe ich andere Gemeinsamkeiten, mit jeder von ihnen kann ich mich auf verschiedene Weise gut verstehen. In der Kurzfassung: Kikki ist die Intellektuelle mit Humor. Dorothee ist die Emotionale, die mich in die Arme nimmt, wenn ich traurig bin.
Kaum hat Kikki die Vorzüge des Älterwerdens anhand der Weinflasche gepriesen, regt sich prompt bei Dorothee Widerstand.
»Du hast leicht reden«, meint sie, »du hast ja keine Kinder. Aber ich als Alleinerziehende muss auf jeden Cent achten.«
»Klar, ich weiß, dass ich privilegiert bin.« Kikki nimmt einen Schluck Wein. »Aber ganz ehrlich, Dorothee, so wie früher musst du doch auch nicht mehr knapsen! Damals standen wir vor dem Schminkregal, und die Wimperntusche durfte höchstens zwei Mark kosten.«
»Na ja«, lenkt Dorothee ein, »stimmt schon.«
»Heute können wir uns zwar auch teures Schokoeis leisten, aber nur bei der entsprechenden Figur!«, werfe ich scherzend ein.
Kikki und Dorothee lachen. Beide haben mit den Pfunden zu kämpfen. Von beiden höre ich seit ein paar Jahren immer das Gleiche: »Früher habe ich innerhalb von drei Tagen abnehmen können, jetzt krieg ich die Speckrolle nur noch nach Wochen weg, wenn überhaupt. Grausam!« Bei mir ist es genau andersherum: Ich krieg einfach keine Pfunde und keine Rundungen mehr dazu.
»Du kannst gut lästern!«, entgegnen Kikki und Dorothee fast gleichzeitig. »So gut wie du hätte ich es auch gern!«
»Einspruch!« Ich blase meine Backen auf. »Wenn ich ein paar Kilo mehr hätte, wäre ich viel weniger faltig!«
»Wir haben jetzt also die Wahl zwischen Pest und Cholera«, bemerkt Kikki trocken.

»Falls wir die Wahl haben!«, sagt Dorothee, die immer ein wenig jammert.

Hoffentlich beginnt Kikki jetzt nicht, über den freien Willen und den Irrtum der Psychoanalyse zu sprechen. Das ist zwar hochinteressant, aber dann sitzen wir übermorgen noch auf dem Balkon.

Doch Kikki fällt gottlob etwas anderes ein. »Wir müssten alle laufen. Das würde nicht nur gegen das Schwabbeln helfen, sondern auch beim Abnehmen. Oder beim Zunehmen.«

»Beim Zunehmen?«, frage ich verwundert.

»Klar, wenn du läufst, kriegst du mehr Appetit!«, antwortet Kikki.

»Das ist ja furchtbar. Dann würde ich ja auch zunehmen«, wendet Dorothee ein. »Da steckt ein logischer Fehler drin!«

»Nein.« Kikki erklärt, warum Laufen sowohl für Gewichtszunahme wie auch die -abnahme gut ist. Bei Mageren käme mehr gesunder Appetit auf, Dickere würden mehr Kalorien verbrennen. Letztlich aber sei Laufen für das Gewichtsproblem nur ein Katalysator – wer wirklich abnehmen wolle, müsse auch die Ernährung umstellen.

»Das sind ja sensationell neue Erkenntnisse«, stichle ich.

Kikki lächelt. »Lass mich doch mal fertigreden. Da kommt noch was anderes dazu: Laufen macht glücklich. Und je glücklicher wir sind, desto weniger müssen wir frustessen.«

»Ja, die Endorphine«, ergänze ich und verkneife mir eine zweite Bemerkung zur sensationellen Neuigkeit dieser Aussage.

»Nein, keine Endorphine.« Kikki ist in ihrem Element. »Endorphine sind Schmerzstiller und nicht die Glückskicker. Das Glücksgefühl entsteht im Hirn und nicht im Körper. Und Endorphine wurden bisher nur im Blut nachgewiesen, noch nie im Hirn. Also haben sie mit Glücklichsein nichts zu tun.«

»Aber warum macht Laufen dann glücklich?«, fragt Dorothee und kommt mir zuvor.

Kikki weiß: »Wir haben noch ganz andere Substanzen im Körper, die für unser Glück zuständig sind. Zum Beispiel die Endocannabinoide. Die wirken fast so wie Cannabis. Und wenn wir laufen, schüttet der Körper sie aus. Oder auch Serotonin und andere Botenstoffe wie Dopamin, Adrenalin und Noradrenalin. Gemeinsam lösen sie diesen Rausch beim Laufen aus. Die Amis nennen diesen Flow ›Runner's High‹. Deshalb laufen auch so viele Leute.«

Jede von uns nimmt einen Schluck Wein, und jede denkt sich wohl das Gleiche: Ich sollte nicht so faul sein, meinen Hintern hochkriegen und laufen. Oder wenigstens einen anderen Sport machen. Denn so unterschiedlich alle Glücksratgeber sind – in einem sind sich alle einig: Sport macht glücklich. Und für die Figur wäre es auch noch prima.

»Ist schon eine interessante Frage, warum wir fürs Glücklichsein Schokolade essen, aber nicht laufen gehen!«, überlegt Kikki laut.

»Also ich hab ja jahrelang geraucht und bin froh, dass ich aufgehört habe. Ich will ja jetzt nicht von was anderem süchtig werden!«, scherzt Dorothee.

»Danke!«, ruft Kikki. »Endlich mal eine gute Begründung, warum ich mich abends lieber aufs Sofa lege und nicht in den Park zum Joggen gehe.«

Darauf müssen wir ganz schnell anstoßen!

Manchmal liegt das Glück eben doch nicht im eigenen Körper, sondern in einem Treffen mit Freundinnen, bei dem man auf den inneren Schweinehund anstößt. Prost!

Bayerisches Mantra

»Wenn i ned mog, mog i ned«, pflegte meine Oma in tiefstem Bayerisch zu sagen. Das heißt übersetzt: »Wenn ich nicht mag, mag ich nicht.« Es bedeutet aber zugleich auch: »*Wen* ich nicht mag, den mag ich nicht.« Die Aussage kann sich also sowohl auf ein Ereignis (wenn) oder auf eine Person (wen) beziehen. Aber egal, ob es nun um *wen* oder *wenn* geht, die Argumentation ist dabei mehr als dürftig, um nicht zu sagen, gegen null gehend. Ohne Begründung bestand meine Oma mit diesem Satz einfach darauf, nicht zu mögen und nicht zu wollen.

Als ich meine Oma kennenlernte, hatte sie eine Hungersnot, sechs Entbindungen, das Ausbrennen ihres Hauses, den Verlust der gesamten Ersparnisse der Familie durch die Weltwirtschaftskrise und zwei Weltkriege hinter sich. Sie war so faltig, dass ich sie als kleines Kind »alte Hexe« nannte und sie fragte, warum sie überhaupt noch lebte.

Meine Großmutter nahm die Bemerkungen des Enkelkindes mit Humor und erzählte sie allen Freunden, Verwandten und Bekannten – ganz der Großelternkrankheit anheimgefallen, Aussagen der Enkelkinder für das Originellste überhaupt zu halten. So wie mein Vater heute Kleinkind-Aussagen von Lukas und Eva immer und immer wieder in seinem Bekanntenkreis wiederholt, so begeistert sprach wohl auch meine Oma über meine Worte und die ihrer anderen Enkelkinder.

Daran kann ich mich selbst zwar nicht mehr erinnern, aber an was ich mich noch sehr gut erinnere, ist die oben erwähnte Aussage meiner Oma: »Wenn i ned mog, mog i ned.« Sie muss das sehr oft gesagt haben, denn es blieb mir im Gedächtnis, auch wenn ich damals nicht einmal ansatzweise die dahinter verborgene Weisheit verstand. Um die zu begreifen, muss frau oder man wohl selbst erst ein paar Lebensjahrzehnte hinter sich gebracht haben.

Meine Oma begründete mit diesem Satz (oder begründete eben vielmehr nicht), warum sie nicht zu gesellschaftlichen Anlässen ging, wenn ihr Personen unsympathisch oder Anlässe zuwider waren. Eine Einladung zur Schützenfeier des örtlichen Jägervereins? Was hatte sie dort verloren? Eine Einladung zum 75. Geburtstag der Frau des Ex-Nazi-Bürgermeisters? Warum sollte sie diese wahrnehmen? Ein Besuch bei der gleichaltrigen, immer schon verhassten Cousine? Wer sollte sie dazu zwingen? Meine Oma verfuhr so nicht nur bei privaten Verpflichtungen, sondern auch bei geschäftlichen.

Meine Großeltern hatten einen Laden am Ort und waren daher eigentlich auf gute Beziehungen angewiesen. Andere Bürgerinnen und Bürger glaubten nicht, sich nach Gusto herausnehmen zu dürfen, wen sie treffen sollten oder nicht. Damit hatten sie ja auch nicht ganz unrecht zu einer Zeit, als zumindest auf dem Land noch stets kritisch beäugt wurde, wer am Sonntag in die Kirche ging und wer nicht. Die Konventionen und gesellschaftlichen Verpflichtungen spielten damals noch eine weitaus größere Rolle als heute. Wir können in die Kirche gehen oder auch nicht, wir können am Vereinsleben teilnehmen oder auch nicht, wir können ein enges Verhältnis zu unseren Verwandten pflegen oder auch nicht – im Prinzip ist uns alles erlaubt, ohne dass wir fürchten müssten, gesellschaftlich ausgeschlossen zu werden. Wir haben zwar auch einen bestimmten Milieu-Druck, aber er ist nicht so umfassend und einheitlich normiert wie noch vor einigen Jahrzehnten.

Insofern erlaubte sich meine Großmutter mit dem »Wenn i ned mog, mog i ned« sehr viel mehr, als wir uns heute mit so einer Haltung herausnehmen würden. Lag das vielleicht an ihrem mutigen Charakter, daran, dass sie sich viel weniger darum kümmerte, was andere dachten, als ich? Ich fragte meinen Vater. »Nein«, meinte er nachdenklich. Diesen »sturen Satz« kenne er von seiner Mutter erst aus späten Jahren. Erst mit zunehmendem Alter hätte sie sich immer weniger um gesellschaftliche Konventionen geschert.

Vielleicht braucht es die individualisierte Geschichte des 20. Jahrhunderts mit zwei Weltkriegen, um so weit zu kommen. Vielleicht reicht mir aber auch das Vorbild meiner Großmutter, um das nächste Familientreffen mit den unliebsamsten Verwandten abzusagen, um einen nicht ganz so wichtigen beruflichen Event zu ignorieren und dem Grillfest im Hof mit den Nachbarn einen gemütlichen Fernsehabend mit meinem Mann vorzuziehen. Frau sollte ab 40 auch mal »nein« sagen können? Ach was, meine Oma formulierte es viel eleganter und positiver: »Wenn i ned mog, mog i ned.«

Solche Überlegungen, die jede von uns sofort versteht, gehen aber leider nicht so leicht vom Verstand in Fleisch und Blut über. Es bedarf einiger Übung, um die ganzen Einwände (also Ausreden) zu bezwingen. Wenn Sie mal aufpassen, beginnen diese meist mit den einleitenden Worten:

»Ich kann doch nicht …«

»Aber was ist dann …«

»Unmöglich kann ich mir erlauben …«

»Da müssen wir doch hingehen, auch wenn …«

»Ich hab ja gar keine Lust, aber …«

»In dieser Situation bleibt mir gar nichts anderes übrig, als …«

»Da muss ich einfach durch, ob ich will oder nicht …«

»In meiner Lage ist es nicht möglich …«
»Hinterher fällt das alles auf mich zurück und …«
»Bestimmte Verpflichtungen müssen einfach …«

Setzen Sie dem Ganzen in Zukunft ein bayerisches Mantra entgegen. Schneiden Sie die folgende Seite aus, und hängen Sie diese an Ihre Pinnwand, oder verstauen Sie das Papier in Ihrer Handtasche. Und sollte Sie jemand auf diese seltsamen Zeilen ansprechen, dann können Sie entgegnen, die Bayern seien einfach gaga, aber der Dialekt mit den vielen Vokalen klinge einfach schön, und Sie möchten das ein wenig einüben. Niemand wird Ihnen dabei auf die Spur kommen, dass es sich um eins der wichtigsten Mantras handelt, um ab 40 glücklich zu werden.

Wenn i ned mog, mog i ned. Wenn i ned mog, mog i ned.
Wenn i ned mog, mog i ned. Wenn i ned mog, mog i ned.
Wenn i ned mog, mog i ned. Wenn i ned mog, mog i ned.
Wenn i ned mog, mog i ned. Wenn i ned mog, mog i ned.
Wenn i ned mog, mog i ned. Wenn i ned mog, mog i ned.
Wenn i ned mog, mog i ned. Wenn i ned mog, mog i ned.
Wenn i ned mog, mog i ned. Wenn i ned mog, mog i ned.
Wenn i ned mog, mog i ned. Wenn i ned mog, mog i ned.
Wenn i ned mog, mog i ned. Wenn i ned mog, mog i ned.
Wenn i ned mog, mog i ned. Wenn i ned mog, mog i ned.
Wenn i ned mog, mog i ned. Wenn i ned mog, mog i ned.
Wenn i ned mog, mog i ned. Wenn i ned mog, mog i ned.
Wenn i ned mog, mog i ned. Wenn i ned mog, mog i ned.
Wenn i ned mog, mog i ned. Wenn i ned mog, mog i ned.
Wenn i ned mog, mog i ned. Wenn i ned mog, mog i ned.
Wenn i ned mog, mog i ned. Wenn i ned mog, mog i ned.
Wenn i ned mog, mog i ned. Wenn i ned mog, mog i ned.
Wenn i ned mog, mog i ned. Wenn i ned mog, mog i ned.
Wenn i ned mog, mog i ned. Wenn i ned mog, mog i ned.
Wenn i ned mog, mog i ned. Wenn i ned mog, mog i ned.
Wenn i ned mog, mog i ned. Wenn i ned mog, mog i ned.
Wenn i ned mog, mog i ned. Wenn i ned mog, mog i ned.
Wenn i ned mog, mog i ned. Wenn i ned mog, mog i ned.
Wenn i ned mog, mog i ned. Wenn i ned mog, mog i ned.
Wenn i ned mog, mog i ned. Wenn i ned mog, mog i ned.
Wenn i ned mog, mog i ned. Wenn i ned mog, mog i ned.
Wenn i ned mog, mog i ned. Wenn i ned mog, mog i ned.
Wenn i ned mog, mog i ned. Wenn i ned mog, mog i ned.
Wenn i ned mog, mog i ned. Wenn i ned mog, mog i ned.
Wenn i ned mog, mog i ned. Wenn i ned mog, mog i ned.

Im Jammertal

Alex fährt zu einem Klassentreffen. Dazu muss man wissen, dass der Zusammenhalt in der ehemaligen Klasse meines Mannes immer noch enorm ist. Während ich mich mit meinen Klassenkameraden aus der Kollegstufe alle paar Jahre einen Abend lang gemütlich zusammensetze, verbringen Alex und seine ehemaligen Mitschüler hingegen regelmäßig ganze Wochenenden zusammen. Einmal waren sie sogar eine ganze Woche lang unterwegs auf den Spuren ihrer einstigen Abifahrt.
Freitagmittag bricht Alex also auf. Lukas und Eva wiederum wollen das Wochenende bei Freunden verbringen, und ich habe endlich mal Zeit für mich! Sosehr ich meine Familie liebe – so sehr freue ich mich darauf, einmal nur meinem eigenen Rhythmus folgen zu können. Ich werde am Freitagabend zu dieser Museumsnacht aufbrechen, am Samstag ausschlafen, in der Badewanne frühstücken, nachmittags hemmungslos auf Facebook schreiben und abends vielleicht mit Kikki oder Dorothee ins Kino und danach in eine Kneipe gehen – um anschließend todmüde ins Bett zu fallen und noch einmal gemütlich auszuschlafen. Herrlich!
Doch am Freitagabend schlafe ich auf dem Sofa ein und wache am Samstag schon um sieben Uhr auf. Um diese Tageszeit beleidigt – wenn die Familie nicht die Sicht versperrt – ungeheurer Schmutz in der Wohnung meine Augen. Ich sollte endlich mal gründlich den Küchenschrank ausräumen und putzen, die Böden mit einem Spezialreiniger wischen und diese Staubdeponie hinter dem Trockner entfernen. Jede Leserin sei hier eindrücklich davor gewarnt,

»schnell mal« jahrelang Vernachlässigtes putzen zu wollen. Putzen ist ein Monster! Füttert man es etwas an, will es immer, immer, immer mehr! Und so stelle ich nachmittags um fünf Uhr fest, dass jetzt zwar gefühlte 2 Prozent der Wohnung richtig sauber sind, aber ich weder etwas auf Facebook gepostet noch in der Wanne gefrühstückt und auch keine Verabredung für den Abend getroffen habe. »Schluss!«, befehle ich mir selbst und lasse mir das Badewasser einlaufen. Immerhin habe ich noch vierundzwanzig Stunden, ehe die Liebsten wiederkommen, und diese Zeit werde ich mir nun ganz für mich nehmen! Was bin ich auch für ein Idiot! Endlich habe ich mal Zeit, und dann verplempere ich sie mit Putzen!

Kaum liege ich gemütlich in der Wanne und will gerade Kikki anrufen, da geht die Badezimmertür auf. Alex steht missmutig vor mir.
Nein, es sei nichts passiert. Es sei nur nicht mehr zum Aushalten gewesen auf dem Klassentreffen. Einer mieser drauf als der andere. Aus dem fröhlichen Sepp sei ein Griesgram geworden, der nicht mehr lachen kann. Gabi klagte ohne Ende, und sogar sein alter Kumpel Ivo beschwerte sich pausenlos und zählte sämtliche Fehlentscheidungen seines Lebens auf. Die falsche Frau, der falsche Job. Die falsche Stadt. Die falsche Politik.
Alex seufzt. In was für einer beschissenen Zeit leben wir eigentlich? Keiner kann mehr fröhlich feiern, jeder spricht nur über schwere Themen und überhaupt … die Welt würde immer schlechter.
»O Alex!«, denke ich. »Merkst du denn nicht, wie du selbst gerade ebenso jammerst?« Ich sage aber nichts dazu. Erst als er ausgepackt hat, mit langem Gesicht wieder im Badezimmer erscheint und misstrauisch fragt, ob ich mich denn

gar nicht freuen würde, dass er schon wieder daheim sei, rutscht mir die spitze Bemerkung über die Lippen, dass er mit seinem Jammerlappen-Gesicht besser auf dieses Klassentreffen als zu mir passen würde.
Es folgt ein Ehekrach, ausgetragen mit den Waffen des Schweigens. Wortlos gehe ich aus Trotz abends alleine ins Kino, und habe auch noch Pech. Die Komödie finde ich gar nicht lustig. Ein schlechter Film. Gute Komödien können einfach nur die Engländer. Überhaupt verflacht die ganze Filmkunst immer mehr. Und mit ihr offenbar auch die Menschen; das Publikum lachte schallend bei Pointen, die höchstens oberflächliche Schenkelklopfer waren! Ich werde künftig nur noch Dramen gucken. Nur sie bilden die Welt ab, wie sie ist, nämlich gar nicht lustig!
»Moment mal!«, halte ich auf dem Heimweg inne. Würde ich mit solchen Ansichten nicht auch gut zu Alex' Klassentreffen passen? Ähm, ich, ja, ich!

Als ich nach Hause komme, sitzen Kikki und Alex am Küchentisch und trinken Wein. Kikki hatte mich vermeintliche Strohwitwe spontan besuchen wollen, aber nur Alex vorgefunden. Und jetzt war man ganz nett ins Plaudern gekommen. Ich setze mich dazu und kann Alex nicht mehr richtig böse sein, so wie er mir offenbar auch. (Eine der schönsten Alterserscheinungen als Paar ist übrigens, nicht mehr über jeden Streit reden zu müssen, sondern auch einfach mal alles zu vergessen!)
»Die Marie aus dem Bioladen meint auch, dass sie alles falsch gemacht hat«, erzählt Kikki gerade. »Da hat sie damals gegen alle Widerstände – das kann sich ja heute keiner mehr vorstellen – den Laden aufgebaut. ›Spinner‹ haben sie die ganzen Spießer genannt. Und nun hat ein paar Häuser weiter ein Biosupermarkt eröffnet. Deutlich billiger natür-

lich. Ganz schön bitter! Die letzten 15 Jahre vor der Rente muss sie nun sehen, wie sie durchkommt.«
»Und der Sepp aus meiner Klasse, der kriegt mal eine saftige Pension als Schuldirektor, aber der dreht am Rad, weil er eigentlich Künstler werden wollte und sich nicht getraut hat.« Alex erwähnt das gerne, weil er selbst sich damals gegen eine Beamtenstelle und für die Selbständigkeit als Architekt entschieden hat.
»Übrigens«, fällt mir ein. »Renate hat Chris verlassen.«
»Was?« Alex und Kikki sehen mich zweifelnd an. Renate und Chris waren das Vorzeigepaar aus der Elternini. Schon 30 Jahre zusammen, und durch seine Tätigkeit als Lokalpolitiker stand die Familie im Viertel auch immer im Rampenlicht.
»Warum?«, fragt Alex.
»Sie hat einen anderen!«, mutmaßt Kikki, und ich nicke.
»Hat sich Hals über Kopf in einen Maler verliebt. Sie ist ausgezogen und hat sogar die Mädchen Chris überlassen.«
Ich hatte Renate zufällig beim Klamottenkaufen getroffen. Richtig aufgeblüht sah sie aus und hatte zu mir gesagt: »Plötzlich war ich verliebt. Und dann fragst du dich, willst du für den Rest deines Lebens noch mal neu anfangen oder bei jemandem bleiben, bei dem dir immer was gefehlt hat? Ich hab ja erst bei Rico gemerkt, was mir immer gefehlt hat. Jetzt bin ich 49 – wenn ich jetzt nicht noch mal etwas komplett ändere, wird das nichts mehr.«
Renates Sätze hatten mich kurz über meine Ehe nachdenken lassen. Bleibe ich bloß bei Alex, weil kein Rico in meinem Leben auftauchte? Ich kam zu dem Schluss: Nein. Begründung? Habe ich keine, außer Liebe vielleicht. Aber das sage ich natürlich an jenem Samstagabend, als Kikki, Alex und ich in der Küche Wein trinken, nicht.
Wir plaudern weiter. Über alle möglichen Bekannten und

Menschen, die wir von früher her kennen. Nach einigen Gläsern Wein stellen wir fest, dass das ewige Jammern oder die Ausbruchsversuche etwas mit dem Älterwerden zu tun haben könnten. Sind sie nicht alle so um die 50?
Als Kikki irgendwann geht, genießen Alex und ich die sturmfreie Bude. Morgen können wir ausschlafen! Und zusammen in der Badewanne frühstücken, wie früher, als es noch keine Kinder in unserem Haushalt gab. Und wie früher wollen wir an jenem nächsten Morgen gerade ... Da klingelt es an der Wohnungstür. Wir ignorieren es. Doch es klingelt erneut. Okay, wir machen auf. Eine strahlende Kikki steht vor uns, fragt nur der Form halber: »Darf ich reinkommen?« und setzt sich an den Küchentisch.
»Ich hab was gefunden!«, ruft sie begeistert. »Das erklärt alles!«
Alex und ich werfen uns einen kurzen Blick zu, der besagt, okay, der Sonntag ist ja noch ein bisschen länger. Mein Mann setzt Kaffee auf, während Kikki schon lossprudelt. Wie immer, wenn sie einer Sache erfolgreich auf den Grund gegangen ist, lässt sie sich durch nichts bremsen. Sie legt uns zwei Berichte auf den Tisch und bedankt sich bei uns. Wir hätten sie auf ein neues Thema für einen Vortrag gebracht, und Folgendes werde sie demnächst referieren:
»Sie sind gerade zwischen 45 und 50 Jahren alt? Dann gilt Ihnen mein herzliches Beileid. Denn laut Statistik sind Sie jetzt im großen Jammertal ganz unten angekommen. Sie sind unglücklicher als je zuvor. Das haben Wissenschaftler herausgefunden, nach Befragungen in mehr als fünfzig Ländern und über alle sozioökonomischen Gruppen hinweg. Über die Ursachen weiß man wenig, schreibt Hannes Schwandt in einer Studie des Center for Economic Performance an der London School of Economics. Die Psychologin Hilke Brockmann geht davon aus, dass unerfüllte Hoff-

nungen im mittleren Alter als schmerzhaft empfunden werden. Man hat sich beruflich festgelegt, hat einen Lebenspartner gesucht, möglicherweise Kinder. Doch immer öfter halten die Partnerschaft oder der Job nicht mehr, was man sich von ihnen versprochen hat. Zugleich haben Menschen um die 50 Verantwortung und Verpflichtungen, die sich nicht schnell mal aufkündigen lassen. Außerdem gucken die Menschen in diesen Jahren auch auf die lange Wegstrecke, die beruflich noch vor ihnen liegt. Das Gefühl entsteht: Jetzt muss ich noch was schaffen, danach geht es nicht mehr.

Schwandt wiederum nimmt an, dass das Wohlbefinden davon abhängt, was der Einzelne für den jeweiligen Lebensabschnitt erwartet. Deshalb hat er untersucht, ob Menschen ihre künftige Lebenszufriedenheit falsch einschätzen. Er wollte wissen, wie zufrieden jemand im Moment ist und wie er oder sie die Lage in fünf Jahren einschätzt. Bei mehr als 23.000 Befragten überprüfte Schwandt, ob sie mit ihrer Einschätzung irrten. Sein Ergebnis: Der Mensch macht bei der Vorhersage seines Wohlbefindens systematisch Fehler. Die hohen Erwartungen junger Erwachsener bewahrheiten sich nicht, weshalb die Zufriedenheit sinkt.

Sind Sie nach diesen Untersuchungsergebnissen jetzt frustriert? Denken Sie sich: ›Das kann ja noch heiter werden‹? Sie haben recht! Es wird tatsächlich noch heiter werden. Denn in den Studien der Forscher steckt auch eine gute Nachricht: Das Glück ist ein U – die Glückskurve verläuft wie dieser Buchstabe. Nach dem großen Jammertal um die 50 werden wir mit zunehmendem Alter wieder glücklicher. Mit 60 sind wir wieder so glücklich wie mit Anfang 20.

Laut Hilde Brockmann akzeptieren wir nach der großen Krise im tiefen Jammertal Fehler und Niederlagen eher und orientieren uns noch einmal neu. Top-Manager legen beispielsweise ein Sabbatical ein, um mehr Freizeit mit Freunden zu verbringen. Oder Mütter, deren Kinder nun größer sind, gründen eine Firma. Alle werden gelassener und sehen die Dinge nicht mehr so eng. Laut Schwandt hoffen Menschen ab 50 nicht mehr, dass es besser wird, und werden eben dadurch wieder zufriedener. Das Wissen über altersgemäße Vorhersagefehler ›könnte Menschen helfen, ihre Erwartungen anzupassen, wichtige Entscheidungen in ihrem Leben zu optimieren und weniger zu leiden, wenn sich Erwartungen nicht erfüllen‹.

Der Übergang in den Ruhestand ist dabei auch kein Einbruch mehr wie noch bei den vorhergehenden Generationen. Man fühlt sich frei, noch einmal das Leben zu genießen. Die Glücksforscher verweisen darauf, dass dies nicht genetisch determiniert sei – aber erwähnen zugleich, dass sich sogar bei Menschenaffen das Glück der Jahre in einem ›U‹ beschreiben lässt. Damit folgen sogar unsere nächsten Verwandten dem alten menschlichen Sprichwort: ›Wer zuletzt lacht, lacht am besten‹.«

»Interessant!«, bemerken Alex und ich gleichzeitig. Ist es ja wirklich, aber momentan interessiert Alex und mich gerade anderes mehr, und ich habe Kikki nur mit halbem Ohr zugehört. Aber da mir die Freundin später den Vortrag auf meine Bitte hin noch mal per Mail schickt, verstehe ich nun auch das »U« und unsere Lebenssituation. Leute, freut euch! Alles wird wieder gut! Und bis wir aus dem Jammertal wieder heraus sind, vergnügt euch, so gut es geht – mit allem außer Putzen!

Schmetterlinge im Ohr

Lukas war auf Klassenfahrt und kehrt mit einer Mittelohrentzündung zurück. Er wirkt geknickt, obwohl sich die Schmerzen nach eigener Aussage in Grenzen halten. Klar ist er geknickt, denke ich, schließlich sind die nächsten beiden Wochen Ferien. Würde er wegen der Krankheit Schulstunden verpassen, wäre alles halb so wild. Aber so ... die Kumpels gehen ins Kino, in den Park oder mittlerweile auch schon mal in eine Kneipe. Und er soll sich jetzt »schonen«, wie Alex streng fordert, nicht einmal seinen geliebten Sport darf er treiben. Und nachdem Lukas seiner Schwester Eva schon so oft »beiläufig« (also in größter Absicht) reingedrückt hat, dass er nun ausgehen dürfe, während sie sich noch um ihre Barbies zu kümmern hätte (also: er schon groß, aber sie noch klein sei), zahlt es ihm die 15-Jährige nun heim. Sie verabschiedet sich extra und zuckersüß von ihrem Bruder, wenn sie sich mit den Freundinnen an einem lauen Sommerabend noch im Park trifft.
»Hab einen guten Abend, Bruderherz. Tut mir soooo leid für dich, dass du nicht rauskannst!«, sagt Eva mit einem kaum unterdrückten Grinsen und entschwindet, umhüllt von einer Deo-Parfumwolke. Sogar mein in diesen Dingen hochsensibler Mann Alex bemerkt kurz: »Eva ist aber wirklich nett zu Lukas gerade, findest du nicht auch?«
»Hm.« Ich zucke mit den Schultern. Ich werde einen Teufel tun und Alex für weibliche Hinterhältigkeiten sensibilisieren. Am Ende kommt er mir noch auf die Schliche! Wie oft habe ich früher selbst innerlich gekocht und ihm zugleich »viel Vergnügen« für seltsame Unternehmungen ge-

wünscht, obwohl ich dachte, der Typ gehört in die Klapse, wenn er »für das Klima kegeln« geht. Kaum war er zur Tür hinaus, rief ich Kikki an und klagte ihr mein Leid. Wie kann der nur? Was bin ich ihm eigentlich wert? Passen wir überhaupt zusammen? Waren die beiden Kinder mit ihm nicht der größte Fehler überhaupt in meinem Leben? Während ich arbeitete, den Haushalt schmiss und die Kinder erzog, ging der Pascha »kegeln für das Klima«. Soll er doch die Welt retten – aber wenn er so weitermacht, ist unsere Beziehung nicht mehr zu retten!

In diesem Tenor ging es oft stundenlang. Zwischendurch brachte ich die Kinder ins Bett und googelte Auswanderungsziele für Alleinerziehende. Wenn Alex um ein Uhr nachts immer noch nicht daheim war, kippte ich einen Martini, schüttelte mich und war wild entschlossen, am nächsten Tag alles über »Scheidung« in Erfahrung zu bringen. Doch dann entschuldigte sich Alex am nächsten Tag dafür, dass es so spät geworden sei, dass er zu viel getrunken hatte. Der Abend sei einfach so lustig gewesen, und es sei einfach so unglaublich schön, alte Freunde zu haben, mit denen er sich blind verstehe. Was sei er für ein beneidenswerter Mann – er hätte die liebenswerteste und schönste Frau auf der Welt, wunderbare Kinder, und auch im Job passte alles. Er strahlte mich an wie ein kleiner Junge. »Ich liebe dich!«

Schuft! Größter Schuft auf der Welt! Selbstverständlich dachte ich nach so einem Geständnis nicht mehr an meine verzweifelten Telefonate mit Freundinnen, meine Mord- und Scheidungsphantasien aus der Nacht zuvor. Ach, ich liebe dich doch auch unendlich, Alex, was für ein Glück wir haben, uns gefunden zu haben!

Nach solchen Abenden oder Situationen gab ich hinterher noch kurz Kikki Bescheid (»Bitte entschuldige, nur kurz, alles wieder in Ordnung mit Alex, ich erkläre es dir später genauer.«).

Irgendwann habe ich festgestellt, dass solche Telefonate aufgehört haben. Wenn Alex mich heute verletzt, fällt mir alles Mögliche ein, wie zum Beispiel, den nächstgreifbaren Gegenstand an die Wand zu knallen (Entschuldigung, ich habe südländisches Temperament), aber beim besten Willen nicht mehr, eine Freundin anzurufen.

Was ist passiert? Habe ich meine sozialen Fähigkeiten nach 30 Beziehungsjahren verloren? Und warum kamen sie mir erst während der vergangenen 5 Jahre abhanden? Kurzes Nachdenken ergibt: Ich bin womöglich kürzlich erst erwachsen geworden. Je mehr ich meinen Freundinnen vorjammere, desto weniger ändere ich etwas an meiner konkreten Situation. Im Jammern über Alex führe ich nur eine Beweiskette über seine Schlechtigkeit, die Schlechtigkeit der Männer, die Schlechtigkeit der Welt.

Es gilt der große Unterschied zwischen Jammern und Abarbeiten. Wer jammert, fühlt sich als Opfer und versucht, dies durch Jammern zu beweisen. Wer sich abarbeitet, versucht, einem Missstand im eigenen Leben auf die Schliche zu kommen – um genau den zu ändern. Deshalb, so bemerke ich nun, geht mir Kikki auch nie auf die Nerven, wenn sie über Probleme spricht, aber Dorothee bisweilen gewaltig. Die eine versucht wirklich, den Ursachen auf den Grund zu gehen, die andere will stets belegen, warum die Welt so böse ist und es genau sie so hart trifft.

Ist mein Sohn Lukas vielleicht frühreif und jetzt schon so erwachsen, wie ich das erst kürzlich geworden bin? Er hätte schließlich allen Grund zur Klage, wo er doch in den Ferien das Bett hüten muss. Aber er beschwert sich überhaupt nicht darüber. Seltsam.

Es dauert nicht lange, bis Eva herausfindet, dass Lukas auf

der Klassenfahrt ein Mädchen näher kennengelernt hat, das seine Avancen offenbar nicht erwidert. Der Kerl, also mein Sohn, hat 1a-Liebeskummer! Alex in seiner unwiderstehlich sensiblen, charmanten Art tröstet Lukas mit: »Weiber. Die sind austauschbar.« Mein Mann bezahlt diesen Satz mit einem eiskalten Schweigen meinerseits. Seiner Beteuerung (»Das hab ich doch nicht so gemeint, nicht auf dich bezogen.«) schenke ich zunächst keinerlei Beachtung.
Schließlich kommt es aber doch zu einem Krisengespräch zwischen uns. »So geht das echt nicht!«, werfe ich Alex empört vor. Mag ja sein, dass er mit solchen Sätzen seinen Sohn tröstet, aber mich schlägt er dabei vor den Kopf. Lukas platzt mit strahlenden Augen in unser Krisengespräch: Er bekäme heute noch Besuch, ob es wohl möglich sei, dass wir uns nicht stritten, sondern den besten Familienschein wahren würden, so, als sei alles in Ordnung? »Was?«, fragt Alex. »Wie?«, frage ich. Aber Lukas antwortet nicht darauf, er müsse sofort weg, den Besuch von der U-Bahn abholen.
»Wie doof seid ihr eigentlich?«, fragt uns Eva wenig später. »Der hat sich verliebt, und das Mädchen will jetzt wohl doch, sonst käme sie ihn nicht besuchen.«
Wie? Was? Alex und ich blicken uns fragend an.
Eva erklärt: »Wenn der wirklich eine Mittelohrentzündung in den Ferien gehabt hätte und nicht bloß Liebeskummer, hätte er schon gebührend gejammert. Also manchmal frag ich mich wirklich, was ihr vom Leben versteht? Und das in eurem Alter!«

Horoskop für Schwarzseher

Allgemein:

Für alle zwischen Januar und Dezember Geborenen brechen schwere Zeiten an. Ihr inneres Wachstum wird gehemmt sein. Die Planetenkonstellation von Merkur, Mars, Jupiter und Venus wird Hindernisse und Schwierigkeiten in allen Lebensbereichen erzeugen.

Gesundheit und Wohlbefinden:

Ihr Körper verfällt mit den Jahren immer mehr. Es handelt sich um einen unumkehrbaren Prozess, den Sie so nicht akzeptieren können. Mit dem leiblichen Verfall geht auch alles andere bergab. Nur Trottel finden sich mit einem angeblichen »Lauf der Welt« ab und gewinnen dem Älterwerden womöglich noch positive Seiten ab. Alles wird ganz schlimm enden und womöglich zum Tod führen.

Liebe:

Wenn Sie einen Partner haben, gehen Sie davon aus, dass er Sie verlassen wird. Haben Sie keinen Partner, gehen Sie davon aus, dass Sie keinen mehr finden werden. Dating-Plattformen sind reine Abzocke – Frauen über 40 gehen eher durch ein Nadelöhr, als dass ein Mann sie noch haben will.

Geld und Karriere:

Eine Jüngere im Büro wird Ihren Job übernehmen, oder – falls Sie selbständig sind – Ihnen werden die Kunden wegbrechen, denn nicht nur körperlich, sondern auch im Privaten und Beruflichen geht alles den Bach runter. Lassen Sie sich von Schönrednern nicht beeindrucken. Lebenskünstler sind nur zu feige, um an die objektive Wahrheit eines sich stets verschlimmernden Zustands und an Horoskope zu glauben!

Kleine Übersetzungshilfe

Dies ist eine kleine Übersetzungshilfe für Frauen ab 40, die keine Lust mehr haben, ihrem Partner schon wieder zu erklären, was es bedeutet, wenn sie dieses oder jenes sagen. Schneiden Sie diese Seiten einfach aus, und legen Sie diese Ihrem Partner vor. Er wird sich sehr erschrecken und fünf Minuten größte Einsicht zeigen – erwarten Sie aber keinesfalls nachhaltige Wirkung. Heben Sie diese Seiten deshalb zur Wiedervorlage auf (Minimum: 100 Mal).

Aussage:
Wie war dein Tag, Schatz?
Subtext:
Frag mich endlich mal, wie meiner war!
Erwartete Antwort:
Erst zu dir. Wie war dein Tag, Schatz?

Aussage:
Kannst du den Müll mitnehmen?
Subtext:
Du bist ein Haushaltsfaultier. Mach wenigstens das!
Erwartete Antwort:
Kann ich dir sonst noch etwas abnehmen, Liebling?

Aussage:
Viel Spaß beim Skiwochenende!
Subtext:
Ob ich noch da bin, wenn du wieder heimkommst,
muss ich mir noch überlegen. Mit mir hast du
noch nie so etwas geplant!
oder:
Bin ich froh, dass ich ein Wochenende endlich
für mich alleine habe!
Erwartete Antwort:
Ich werde dich jede Sekunde vermissen.
Wie furchtbar, dass du nicht mitkommen kannst.

Aussage:
Es ist so schön, gemeinsam älter zu werden.
Subtext:
Komm bloß nicht auf die Idee, dir eine Jüngere zu suchen.
Sonst bring ich dich um.
Erwartete Antwort:
Dir sieht man die Jahre gar nicht an!

Aussage:
Deine Erkältung ist echt übel.
Subtext:
Weichei! Memme! Jammerlappen!
Erwartete Antwort:
Hoffentlich erwischt es dich nicht auch.
Wobei: Du bist härter im Nehmen.

Aussage:
Britta hat jetzt auch eine Putzfrau, zweimal die Woche.
Subtext:
Wenn du noch einmal sagst, wir brauchen keine,
steck ich deinen Kopf ins Klo! Du Loser, verdien
endlich mehr, damit wir uns das leisten können.
Erwartete Antwort:
Wenn die gut ist, nehmen wir sie auch,
du machst ohnehin so viel, Schatz!

Aussage:
Den Kindern geht es bestimmt gut auf der Klassenfahrt.
Subtext:
Was bist du nur für eine männliche Glucke.
Erwartete Antwort:
Deine Erziehung, deine Liebe, das alles hat den
Grundstock gelegt. Und jetzt kannst du einfach
besser loslassen als ich.

Aussage:
Der Keller muss ausgemistet werden.
Subtext:
DU musst den Keller ausmisten, ich mach eh schon
so viel, krieg deinen Hintern hoch und mach endlich,
was du schon lange angekündigt hast.
Erwartete Antwort:
Mach ich gleich am Wochenende.
Der Fußballnachmittag ist nicht so wichtig.

Aussage:
Sollen wir nicht mal wieder ins Kino gehen?
Subtext:
Mit dir ist gar nichts mehr los.
Du vergammelst noch auf dem Sofa.
Erwartete Antwort:
Super Idee! Soll ich Karten besorgen?

Aussage:
Ich bin so müde.
Subtext:
Bloß kein Sex heute!
Erwartete Antwort:
Auch müde siehst du schön aus!

Aussage:
Hörst du mir überhaupt zu?
Subtext:
Du bist ein Egoist der feinsten Sorte!
Erwartete Antwort:
Aber natürlich, Schatz, sag es trotzdem noch mal.

Aussage:
Schau mal, wie schön alles im Garten blüht!
Subtext:
Mäh endlich den Rasen!
Erwartete Antwort:
Entschuldige bitte, dass ich dir noch nicht bei der
Gartenarbeit geholfen habe, aber ich hole das nach,
doppelt und dreifach.

Aussage:
Ich muss zum Friseur.
Subtext:
Es ist schrecklich, alle vier Wochen muss ich
nun zum Färben zum Friseur, was das Älterwerden
doch Zeit und Geld kostet!
Erwartete Antwort:
Gönn dir aber auch einen wirklich guten!
Das solltest du dir wert sein.

Aussage:
Deine Mutter ist echt nett.
Subtext:
Nett an ihr ist nur, dass sie nicht noch öfter kommt.
Erwartete Antwort:
Dabei ist sie echt schwierig, weißt du ja.
Du bist nicht nur eine tolle Frau, sondern auch
eine tolle Schwiegertochter!

Aussage:
Die Jeans ist zu eng.
Subtext:
Hilfe! Ich werde immer dicker!
Was soll ich nur tun?
Erwartete Antwort:
Prima! Ich liebe deine Rundungen!

Aussage:
Nach meinem Geburtstag besuchen wir mal die Schmitts.
Subtext:
Ich erwähne jetzt extra meinen Geburtstag,
damit du noch Zeit hast, mir ein tolles Geschenk
zu besorgen. Los, streng dich an!
Erwartete Antwort:
Dieses Jahr werde ich dir zum Geburtstag
etwas Besonderes suchen!

Aussage:
Ich hab so einen Stress im Büro.
Subtext:
Du hast nur dein Büro, ich kümmere mich nebenbei
noch um die Kinder und den Haushalt.
Erwartete Antwort:
Schlimm. Willst du nicht mal ein Wochenende Wellness
machen, und ich schmeiße hier den Laden?

Aussage:
Deine Unterhosen sind schon ganz schön zerschlissen.
Subtext:
Unmöglich, in welch altmodischen Dingern
du rumläufst. Gut, dass die keiner sieht,
das wäre zum Fremdschämen.
Erwartete Antwort:
Gut, dass du mich daran erinnerst, ich wollte
schon längst neue kaufen, modischere.

Aussage:
Nächste Woche gehe ich mit den jungen Kollegen aus.
Die sind alle noch so lebendig.
Subtext:
Du bist echt ein alter Mann geworden,
redest immer das Gleiche, und es ergibt sich
nichts Neues mehr.
Erwartete Antwort:
Du bist auch so lebendig und jung geblieben –
neben dir bin ich bloß ein alter Mann.

Verbieteritis

Immer mehr meiner Freunde regen sich darüber auf, was der Staat uns alles verbietet. Zuerst hätten wir Glühlampen verbannen müssen, kurz darauf war das Rauchen in Bars (je nach Bundesland) tabu, und bald dürfe man nicht mehr ohne Fahrradhelm auf das Zweirad. In einer Art Vorsorgewahn für unsere Gesundheit wolle der Staat uns die Eigenverantwortlichkeit nehmen, und dabei handele er nach der Maxime unserer Eltern, denen wir damals entgegensetzten: »Ihr wollt nur unser Bestes, aber das kriegt ihr nicht!«
Vor allem Alex und Kikkis Mann Rob kommen mittlerweile bei jedem Treffen auf dieses Thema. Spätestens beim Bier fragen sich die Männer scherzend, wann denn nun Alkoholbehältnisse endlich auch mit Warnhinweisen ähnlich denen auf Zigarettenschachteln versehen würden. Regelmäßig führt das Thema dann zurück in unsere Kindheit, in der es noch keine Anschnallpflicht gegeben hat, Großeltern hemmungslos die Enkelkinder zuqualmten, und Eltern Kinder zum Spielen einfach rausschickten, auch im Winter, wofür man heute eine Anzeige beim Jugendamt bekäme.
Alex und Rob haben vermutlich gar nicht so unrecht. Ulrich Beck stellte schon vor 30 Jahren in seinem Buch »Risikogesellschaft« fest, dass unsere Gesellschaft auf die Gefahren fixiert ist. Das Risiko, die Angst, die mögliche Gefahr stecken für uns Postmoderne einen Rahmen ab, der uns – so paradox das klingt – einen Halt gibt. Meine und Kikkis Interpretation von Becks Buch geht so: Weil uns keine Säbelzahntiger, Mammuts oder Wölfe mehr bedrohen, unser

Körper und unsere Psyche aber auf mögliche Gefahren programmiert sind, suchen wir uns regelrecht Gefahrenherde, denen wir unbewusst begegnen wollen. Mag der Klimawandel auch von immer mehr Wissenschaftlern als natürlicher Wandel und weniger menschengemacht als bisher bewertet werden; mag die Terrorgefahr de facto für unser eigenes Leben minimal sein; mag es statistisch wahrscheinlicher sein, dass mich ein Meteorit trifft als ein Amokläufer – es zählt nicht für unsere Seele, weil wir Risiken verzerrt wahrnehmen und nicht objektiv.

Das wäre nun rein privat eigentlich ganz egal. Wer hat nicht so seine eigenen Ängste, Phobien oder auch nur kleine Ausraster? Sehe ich eine Spinne an meiner Wand, schreie ich schon mal lautstark auf und rufe nach Alex – so emanzipiert ich sonst auch bin. Bei Spinnen lasse ich mich gerne in die »Mann-beschütze-mich«-Rolle zurückfallen.

Die Abgrenzung zwischen Angst, Phobien oder realer Furcht ist ein weites Feld. Zu viel Persönliches und Individuelles spielt mit rein, um das hier sauber zu definieren. Und darum geht es mir auch gar nicht. Mag sein, dass Alex und Rob gesellschaftspolitisch recht haben. Mir geht dabei etwas ganz anderes auf die Nerven: dass die beiden sich ständig wiederholen. Gut, ich liefere auch nur selten neue Fakten, dazu verfolge ich zu selten und zu wenig aufmerksam die Nachrichten. Aber ab einem bestimmten Alter, ich lege das mal auf 44 fest, fangen Männer an, ständig ihren moralischen Standpunkt zu wiederholen. Sicher haben sie 44 lange Jahre klug darüber nachgedacht. Sicher sind wir Frauen wegen der Kindererziehung und überhaupt unserer Mehrfachbelastung manche ihrer gedanklichen Wege und Umwege nicht mitgegangen und können so gar kein klares Urteil fällen. Sicher? Na ja, das meinen die Männer, obwohl wir sogar eine Frau als Regierungschefin haben.

Aber diese penetrante Wiederholung des immer Gleichen geht Kikki und mir so auf die Nerven, dass wir zu den Tiraden unserer Männer nur noch schweigen. Dass dem so ist, wäre mir nicht weiter aufgefallen, hätten Kikki und ich uns nicht kürzlich zu zweit getroffen und schon beim ersten Glas Wein gescherzt: »Es ist nur eine Frage der Zeit, bis auf den Weinflaschen auch Warnhinweise stehen.« Todernst blickten wir uns an – ehe wir schließlich den teuren Wein fast wieder aus dem Mund geprustet hätten bei einem Lachanfall vom Feinsten.

Nach dem nächsten Glas Wein auf Kikkis Terrasse fällt der Satz: »Wir dürfen uns bloß nicht die Gefühle verbieten.« Kikki behauptet, der Satz stamme von mir, ich behaupte, der Satz stamme von ihr. Wie auch immer: Wir sind uns einig. Das größte persönliche Übel ist, sich selbst Gefühle verbieten zu wollen. Keine von uns glaubt, das zu tun – aber fast alle tun es. Die »psychologischen Tabus« greifen tief. Wer traut sich beispielsweise, offen zuzugeben: »Ich mag meine Schwiegermutter nicht.« – »Ich beneide die Kollegin um die Jugend.« – »Ich würde viel lieber mit dem Vereinsvorsitzenden vögeln als mit meinem Mann.« Oder gar: »Ich weiß nicht, ob ich meine Kinder wirklich liebe.«

So tabulos unsere Gesellschaft in vielen Bereichen geworden ist, so sehr hat sie innere Tabus errichtet, die wir nicht in Frage stellen. Kam früher ein Mädchen als Schwiegertochter in spe an, nörgelte die Jungen-Mutter oft bis zum Umfallen an ihr herum. Heute gilt: Kritik darf erst gar nicht aufkommen, denn wir sind ja offen und sowieso keine bösen Schwiegermütter in spe.

Männer kaprizieren sich auf Verbote seitens des Staates und machen sie zum Thema. Frauen verbieten sich zunehmend unerwünschte Gefühle – und machen sie nur ausnahmsweise zum Thema. Es wäre an der Zeit, mit allen Freundinnen der Welt über all den Mist zu sprechen, den wir uns selbst verbieten. Über die Abgründe, die wir nicht zulassen. Weil wir uns schämen, nicht korrekt zu sein. Aber Gefühle sind niemals korrekt, und schon gar nicht politisch korrekt.

Nein, die schlimmste Verbieteritis betreibt nicht der Staat, sondern wir selbst mit uns, wenn wir nicht aufrecht zu unserem Menschsein stehen – einem Menschsein, das die ganze Gefühlspalette impliziert, von Liebe bis zu Hass, über Freundschaft und Neid. Jeder von uns hat diese Anteile. Wir sind *alles*. Nur die Akzente sind verschieden gesetzt. Einer ist ehrgeiziger, einer neidischer und der Nächste wiederum fauler. Alles ist gut – vorausgesetzt, wir verbieten uns das Gefühl nicht, denn nur verbotene Gefühle eskalieren ungut. Das heißt nun nicht, allen Emotionen freien Lauf zu lassen, aber wir sollten sie erst einmal ungeschönt zulassen, um sie danach einsortieren zu können.

»Für diese Einsicht mussten wir nun 50 werden«, sage ich und proste Kikki mit meinem Glas Wein zu.

»Na und?«, entgegnet sie. »Oder willst du dir deinen jugendlichen Leichtsinn im Nachhinein verbieten?«

Die Qual der Wahl,
die andere quält

Als die 40-jährige Verena als Kollegin in unser Team kommt, reagiere ich freundlich und zugleich zurückhaltend auf die Personalentscheidung des Chefs. Ich habe schon zu viele Kollegen kommen und gehen gesehen, um sofort »hurra!« zu jeder Neueinstellung zu rufen. Zugleich weigere ich mich beharrlich, in jedem dazustoßenden Mitarbeiter unnötige neue Besen, also alles umkrempelnde freche Jungbiester zu sehen. Neue Kollegen werden von Menschen in meinem Alter ja zunächst einmal danach eingeschätzt, ob sie mir mit ungewöhnlichen Ideen und frischen Kräften das Leben schwermachen oder mir meinen Arbeitstrott weiter ermöglichen. Wer aber sagt, dass entweder nur das eine oder nur das andere möglich ist? Ich versuche jedenfalls, aufgeschlossen und offen zu bleiben – bewahre dabei aber die nötige Skepsis, denn zu oft habe ich schon erlebt, wie »Innovationen« hochgejazzt wurden, um kurze Zeit später im Abfalleimer des Orchestergrabens zu landen. Ein neuer Internetauftritt samt dazugehörigem Superprogrammierer wurde uns als allerallerallerwichtigste Maßnahme zur Verjüngung und zum Fortbestand der Firma präsentiert. Über Wochen mussten wir lernen, bestimmte Vorgänge in neue Masken einzugeben und nur noch daraus Mails zu verschicken – bis das ganze EDV-System mit schöner Regelmäßigkeit komplett zusammenbrach und mit ihm schließlich unser Chef. Nach drei Monaten wurde der Superprogrammierer gefeuert, und alle kehrten wieder zum alten System zurück.

Nun also kam Verena, nahm an einem Schreibtisch um die Ecke im Büro Platz und erledigt seither leise und unauffällig ihren Job in der Buchhaltung. Sie spricht nicht viel – außer jemand schlägt das Thema Pflanzen an –, und sie bemüht sich immer um ein freundliches Lächeln, wenn wir uns zufällig in der Kaffeeküche begegnen. Verena ist nicht nur unsere »Zahlenperle«, wie der Chef schon scherzte, nein, Verena »denkt mit« (auch der Chef), wenn sie mit wachem Verstand unsere Texte liest und dabei auf Ungereimtheiten stößt. Wo ich flapsig schrieb: »Rund zwei Dutzend Teilnehmer«, zählte sie die Leute auf dem Foto genau nach und korrigierte mich auf »drei Dutzend«; ab dreißig Personen würde nämlich auf- und nicht abgerundet, wie ich das fälschlicherweise tat. Dabei trägt Verena solche Korrekturen nie besserwisserisch oder oberlehrerhaft vor, nein, sie leitet sie stets mit »Es geht mich ja nichts an« oder »Entschuldigung, wenn ich …« oder »Mir fiel nur eben auf …« ein. So beiläufig wie möglich versucht Verena, auf Fehler aufmerksam zu machen. Sie würde deswegen nie extra an der Tür klopfen. Nein, eine Verena käme wegen einer fehlenden Unterschrift oder angeblichen Frage an meinen Schreibtisch und würde das »nebenbei« erwähnen. Ähnlich, wie es bei Japanern unhöflich ist, »nein« zu sagen, scheint es für Verena extrem unhöflich zu sein, Versehen anderer eigens zu thematisieren. Es wirkt, als würde sie sich regelrecht fremdschämen für Fehler anderer. Nie im Leben käme eine Verena auf die Idee, dem Chef an den Kopf zu knallen, dass er sich bei einer Bestellung grob verkalkuliert hat und sie nun den ganzen Mist mit den Stornierungen auszubaden habe. Eine Verena geht in einem solchen Fall mit der Unterschriftenmappe zum Chef und sagt: »Ach, übrigens gibt es da noch kleine Ungereimtheiten, könnten Sie sich das mal ansehen?« Kurz und gut: Verena ist eigentlich der Idealfall einer Kollegin: zuverlässig, unaufgeregt und stets höflich.

Trotzdem, so stelle ich nach meinem Urlaub fest, ist Verena offenbar noch nicht richtig in der Firma »angekommen«. In der Mittagspause sitzt sie mit ihrer Brotzeit alleine an einem Tisch. Ich habe noch ein dringendes Telefonat zu erledigen. Die anderen sind offenbar schon zu einem der Läden um die Ecke gemeinsam zum Essen gegangen. Hat keiner Verena gefragt, ob sie mitkommen will? Oder will Verena gar nicht mittags mit Kollegen essen gehen?

»Sollen wir morgen Mittag zusammen essen gehen?«, frage ich sie.

»Gerne!«, antwortet Verena.

Kurz nach zwölf am nächsten Tag komme ich zu ihr an den Schreibtisch. Verena ist noch über eine Zahlenkolonne gebeugt.

»Kannst du schon los?«, frage ich.

»Oh, ich dachte, du willst doch nicht mit mir essen gehen.«

»Wieso sollte ich nicht mehr?«, frage ich verblüfft.

»Weil wir gar nicht ausgemacht haben, wohin wir gehen sollen.«

»Es gibt ganz viele Läden hier um die Ecke, hast du das noch nicht gesehen?«

»Doch, doch!« Verena steht auf, greift zu Jacke und Tasche und hält noch einmal inne.

»Wohin gehen wir denn nun?«, fragt sie.

»Lass uns doch einfach mal schauen, worauf wir Lust haben. Du kannst es dir auch aussuchen, mir ist das egal. Der Grieche ist gut, der Italiener auch, und der Inder sowieso.«

Verena zögert noch einmal kurz, dann verlassen wir das Büro.

Vor dem Inder überlegt Verena laut, ob das Preis-Leistungs-Verhältnis beim Italiener nicht besser sei. Eigentlich habe

sie ja mehr Lust auf die indische Küche, aber ob der nicht doch einen Tick zu teuer sei? Vor dem Italiener kommt Verena ins Zweifeln, schließlich habe sie in der vergangenen Woche schon zwei Mal italienisch gegessen. Ich schlage vor, dann eben den Griechen zu wählen, und wir wandern weiter zum »Kairos«. Nach einem Blick auf die Speisekarte wirkt Verena unglücklich und seufzt. »Was ist los?«
»Eigentlich würde ich doch am liebsten indisch essen!«, gesteht sie schließlich.
»Kein Problem, dann kehren wir noch einmal um«, lenke ich ein, obwohl nun schon eine halbe Stunde unserer Mittagspause draufgegangen ist und ich furchtbaren Hunger habe.
Beim Inder angekommen, betreten zwei Leute vor uns das Lokal und ergattern die letzten freien Plätze. Freundlich bittet uns der Inhaber an die Theke: »Dahinten wird gleich ein Tisch frei, wenn Sie noch kurz warten möchten? Darf ich Ihnen inzwischen etwas zum Trinken bringen?«
Verena sieht mich fragend an und sagt schließlich: »Dann müssen wir noch mal kurz überlegen.«
»Aber selbstverständlich«, antwortet der Inhaber und eilt weiter zu einem der vollbesetzten Tische.
»Wenn wir jetzt warten müssen, sollen wir dann nicht doch lieber zum Griechen?«, fragt Verena.
»Dann müssen wir dort womöglich auch warten«, entgegne ich etwas ungehalten. »Ab halb eins sind die meisten Läden voll, wenn alle aus den umliegenden Büros strömen.«
»Oh, das wusste ich nicht«, erklärt Verena entschuldigend und errötet leicht.
»Macht ja nichts, jetzt bleiben wir hier, wird schon nicht so lange dauern!«, antworte ich.
»Es tut mir aufrichtig leid, das war mein Fehler!«, ergänzt Verena zerknirscht.

»Ist nicht so schlimm, wir werden unseren Bauch schon noch vollkriegen!«, sage ich munter, die Hungerbestie in meinem Magen übertönend.

»Und, die Damen, haben Sie sich entschieden?«, fragt der Restaurantinhaber, der inzwischen zu uns zurückgekommen ist.

»Eine Apfelschorle für mich!«, rufe ich ihm zu.

»Haben Sie eine Getränkekarte?«, fragt Verena.

Ein Kellner bringt mir die Apfelschorle und Verena die Karte.

»Hm«, überlegt Verena laut über die Karte gebeugt. »Ist das Lassi hier gut?«

»Ich hab noch nie ein schlechtes Lassi beim Inder bekommen, da kann man nichts falsch machen.«

Dankbar nickt Verena. »Dann nehm ich jetzt ein Lassi, oder nein, vielleicht lieber erst nach dem Essen, und jetzt ein Wasser.«

Ein Tisch wird frei, der Kellner gibt uns ein Zeichen, dass wir dort Platz nehmen können.

»Möchtest du lieber hier oder auf der Fensterseite sitzen?«, fragt Verena höflich.

»Mir ist das egal«, murmle ich. Ich möchte nur endlich mein Essen bestellen!

»Dann setz ich mich hierher … oder nein, warte … doch lieber da.«

Der Kellner bringt uns die Speisekarte. Verena ist allerdings noch mit der Getränkekarte beschäftigt.

»Oder doch auch eine Apfelschorle?«, fragt sie.

Ich weiß inzwischen, dass ich das Mittagsmenü Nummer neun, ein Curry-Gericht, nehme.

»Haben die Damen gewählt?«, fragt der Kellner, sichtlich in Eile.

»Ja!«, erklärt Verena freudestrahlend. »Ein Wasser, bitte!«

»Und zu essen?« Der Kellner setzt den Kugelschreiber auf seinem Notizblock an.
»Dazu kam ich noch nicht, einen Moment, bitte!«, erklärt Verena, und der Kellner zischt ab. Natürlich nimmt er die Essensbestellungen nur zusammen auf. Das Hungermonster in meinem Bauch wird allmählich ungemütlich, ich kann es gerade noch daran hindern, Verena unter dem Tisch gegen das Schienbein zu treten.
Ich schaue demonstrativ auf mein Smartphone und sage: »Schon kurz nach eins.«
Verena entgeht die Spitze nicht.
»Es tut mir leid, aber ich kann mich so schwer entscheiden«, sagt sie.
»Das habe ich noch gar nicht bemerkt«, antworte ich scherzend. »Ich will ja auch nicht drängeln, aber ich habe riesigen Hunger!«
Verena fährt mit dem Zeigefinger schnell die Mittagsmenüs ab.
»Dann, dann … ich nehme einfach das, was du auch nimmst!«
»Prima«, freue ich mich und winke wider meine Gewohnheit den Kellner zu uns, um schnell bestellen zu können.
»Zwei Mal Menü Nummer neun!«, ordere ich.
Verena lächelt, sichtlich stolz darauf, dieses Mal kurzen Prozess gemacht zu haben.
»Tut mir leid, Menü Nummer neun ist gerade aus!«, entschuldigt sich der Kellner.
»Ich kann Ihnen stattdessen Nummer fünf, ein ähnliches Curry, empfehlen!«
»Ja, nehm ich!«, antworte ich.
»Was ist das für ein Curry?«, fragt Verena.
Der Kellner erklärt ihr die Zutaten und die Zubereitung. Verena scheint unschlüssig. Der Kellner empfiehlt ihr eine

Alternative. Wieder lässt sich Verena Zutaten und Zubereitung erklären. Mein Hungermonster ist kurz davor, Verena umzubringen. Und der Kellner sieht hektisch in verschiedene Richtungen – überall würde er gerade gebraucht. Merkt Verena denn nicht, wie sie den Mann ausbremst?
»Dann nehm ich die Nummer drei«, erklärt sie schließlich, »ich möchte Sie wirklich nicht länger aufhalten!«
Mein Hungermonster brummt sarkastisch: »Es darf ja nicht wahr sein, nach einer Stunde mit Verena haben wir schon Essen bestellt!« Meinem Hirn fällt zudem ein, dass ich in dreißig Minuten einen Telefontermin habe. Wenn der Koch länger für die Zubereitung braucht, dann muss ich das Essen auch noch runterschlingen.
»Hast du ein Problem?«, fragt Verena, als ich eine SMS tippe und darum bitte, das Telefonat zu verschieben.
»Nein!«, erwidere ich kurz angebunden. Mir ist die Lust auf Konversation vergangen. Soll ich sie jetzt fragen, wie es ihr in der Firma gefällt, wo ich mir gerade wünschte, sie wäre nie zu uns gekommen, ich hätte längst einen vollen Bauch und müsste nicht meinen Telefontermin wegen ihrer chronischen Unentschlossenheit verschieben? Aber warum bin ich eigentlich so zornig, sie gibt doch selbst zu, sich so schwer entscheiden zu können? »Reiß dich zusammen!«, ermahne ich mich. »Dann dauert ein Mittagessen halt einfach einmal länger!«
Der Kellner bringt uns bald die gewünschten Gerichte, wir plaudern über Kunden, das komische Wetter, vergangene Urlaube und Aufgabenverteilungen im Büro. Vielmehr plaudere ich, Verena antwortet stets knapp – ehe das Thema auf Pflanzen und Balkone kommt. Dann aber spricht sie plötzlich ohne Punkt und Komma, erklärt Eigenheiten von Mandelbäumchen, verschiedenen Rosenarten und Lorbeer.
»Na, da komme ich aber notfalls noch mal auf dich zurück,

denn mein Balkon ... ich hab keinen grünen Daumen!«, sage ich.

»Gerne, sehr gerne!«, erwidert Verena. »Da kenne ich mich wirklich aus, unbescheiden gesagt.«

»Das merkt man schon«, antworte ich und bin fast geneigt, Verena zu uns einzuladen. Doch das fast besiegte Hungermonster warnt mich: »Wart mal lieber noch mal mit einer privaten Einladung.«

Zwanzig Minuten später nehme ich mir vor, auch im satten Zustand immer auf mein Hungermonster zu hören. Im Magen liegt die wahre innere Stimme!

Kaum haben wir nämlich bezahlt und das Lokal verlassen, beginnt Verena wieder, ohne Punkt und Komma zu reden – dieses Mal leider nicht über Pflanzen.

»Also der Reis ... der war doch fast verklebt. Wie kann ein Basmati-Reis verkleben? Das muss man erst mal schaffen. Und findest du nicht auch, dass der Kellner regelrecht gedrängelt hat? Ich mein ja nur, aber Gäste darf man nicht unter Druck setzen, da wird es doch ungemütlich!«

»Na, hör mal, du hast fast zehn Minuten gebraucht, um dich für eine Nachspeise zu entscheiden«, antworte ich gereizt.

Verena sieht mich beleidigt an. »Ohne mich hättest du doch den Lassi-Kuchen nie entdeckt, hast du selbst gesagt, obwohl du schon so oft hier gewesen bist!«

»Vielleicht war der auch ganz neu auf der Karte«, entgegne ich.

»Jedenfalls war er nicht besonders gut ... wir hätten doch zum Griechen gehen sollen. Es ist einfach immer besser, vorher ganz genau zu überlegen, wofür man sein Geld ausgibt.«

»Ja.« Ich weiß nicht mehr, was ich dazu noch sagen soll, außer ein verlogenes »Ja«, weil ein ehrliches »Nein« Verena nie und niemals ändern würde.

Auf dem restlichen Weg zurück ins Büro, den wir schweigend nebeneinander hergehen, wird mir klar, dass ein Mensch wie Verena immer das Optimale und das Beste aus jeder Situation herausholen will. Und die natürlichen Feinde des Optimalen sind Fehler. Die muss Verena unbedingt vermeiden, um zu ihrem Ziel zu gelangen. Sie muss vorher ganz genau alles Mögliche in Erwägung ziehen, ohne Rücksicht auf Zeit oder andere. Daher auch das Fremdschämen im Büro, wenn sie einen Fehler von anderen entdeckt. Sie schämt sich vermutlich selbst dafür, nicht lange genug überlegt zu haben, ob sie dieser Firma beitritt. Und daher auch die abschließende Nörgelei am Essen – wenn das Optimale nach so einem langen Hin und Her erwartet wird (und das muss es nach dem langen Auswahlverfahren schließlich!), kann das Ergebnis nur enttäuschen. Bei so viel Überlegungen und zeitlichen Investitionen im Vorfeld würde nur ein überraschend sensationell gutes Ergebnis wirklich befriedigen. Alles andere fällt unter »viele Spesen, kaum was gewesen«. Darum hat Verena auch einen Zahlenjob in der Firma – da gibt es nicht viel zu überlegen – eins plus drei bleibt vier, kein Mensch kann mit mehr Optimierung noch mehr aus der Gleichung herausholen. Da kann auch eine Verena entspannt arbeiten und muss nicht unter größten Adrenalinschüben nach noch Besserem suchen.
Kurz vor der Firmentür ist meine Wut auf Verena wieder verdampft. Wenn ihr ein einfaches Mittagessen mit einer Kollegin schon so schwerfällt, wie muss es da eigentlich in ihrem Privatleben abgehen? Ich ahne es. Die Menschen mögen nicht viel mit ihr zu tun haben, und dass sie sich für einen Partner entscheiden (!) kann, halte ich für kaum denkbar. Denn was wäre, wenn sie über eine zweite Wahl den Besten versäumte? Pflanzen mit ihrem typischen Gedeih und Verderb sind da zuverlässiger einzuschätzen. Wie

einsam muss Verena eigentlich sein, frage ich mich, als wir im Büroflur angekommen sind – und ich jetzt zudem verstehe, warum sie keiner mehr zum Mittagessen mitnehmen wollte und sie deshalb mittags so alleine in der Kaffeeküche sitzt.
Fast tut sie mir furchtbar leid, fast will ich sie einladen, fast will ich mit ihr über meine Gedanken sprechen. Aber das tue ich dann doch nicht. Schließlich bin ich keine Verena, die auch Kollegen-Beziehungen optimieren will. Menschen und Charaktere sind verschieden. Eine Perfektionistin der allerersten Güte wie Verena werde ich bestimmt nicht ändern oder zu mehr Lebendigkeit und Spontaneität bringen können. Ich bin weder ihr Partner noch ihr Psychologe – und selbst bei diesen beiden Bezugspersonen stellte sich die Frage, ob sie Verena ändern könnten. Ich begleite Verena noch zu ihrem Schreibtisch, ehe ich mich zu meinem Telefontermin verabschiede.
»Schön war's«, sage ich nicht zu ihr, schon alleine, um die Gefahr einer Wiederholung zu vermeiden, aber ich lächle sie freundlich zum Abschied an. Und Verena scheint sich darüber zu freuen, denn sie sagt: »Schön war es, danke!«
Von einem gemeinsamen Mittagessen war seither nie mehr die Rede. Wie eh und je gehe ich mit anderen Leuten, mal zu zweit oder in der Gruppe oder auch mal alleine in die Läden der Umgebung. Bisweilen kommt Verena und macht mich ganz unaufdringlich auf einen Fehler aufmerksam. Sonst erledigt sie unauffällig und zuverlässig ihren Job. Mittags sitzt sie mit ihrer Brotzeit einsam in der Kaffeeküche und kümmert sich um die Grünpflanzen, mit denen sie unser Büro verschönert hat. Macht man ihr Komplimente dazu, strahlen ihre Augen fast so wie bei jeder ihrer ganz nebenbei erwähnten Fehlermeldungen.

Eines Tages ist Verena verschwunden, ohne dass ich es zunächst bemerke. Erst als die Pflanzen die Blätter hängen lassen, fällt mir ihr Fehlen auf.
»Ein tragischer Fall«, verkündet der Chef auf meine Nachfrage. »Sie hat sich gleichzeitig in einen Gummibaum und in einen Kaktus verliebt und konnte sich nicht zwischen den beiden entscheiden – weshalb sie fristlos kündigte, um genügend Zeit zum Überlegen zu haben.«
Fassungslos starre ich den Chef an. Ich kenne ja seinen schrägen Humor, aber was meint er damit?
Der Chef lacht dröhnend auf und klopft sich auf den Schenkel. Dann erklärt er ernst, Verena hätte sich selbständig gemacht. Sie gebe jetzt Seminare und habe enormen Zulauf.
»Seminare? Zu Pflanzen?«, frage ich.
Der Chef grinst. »Nein. Ihre Seminare heißen ›Perfekt unperfekt sein!‹.«
Da sage noch einmal einer, Fehler seien zu nichts gut! Verena schlägt nun sogar Kapital daraus.

Augen auf und durch!

Als mein Sohn 5 Jahre alt war, verkündete er auf die Frage nach seinem Berufswunsch: »Irgendwas, wo ich eine sichere Rente bekomme!« Also von mir kann er das nicht haben. In meiner Jugend blickten wir verächtlich auf all die herab, die Betriebswirtschaft studierten, Bankkauffrau lernten oder den Kauf einer Eigentumswohnung planten. Rentendenken? Das war was für richtige Spießer.
Doch irgendwann zwischen 40 und 50 legte ich plötzlich den Bescheid, den mir ein Amt namens »Deutsche Rentenversicherung, Bayern Süd« regelmäßig schickte, nicht mehr achtlos zur Seite, sondern starrte zunehmend fassungslos auf die Zahl, die sich »Höhe Ihrer künftigen Regelaltersrente« nennt.
Nachts träumte ich davon, dass der liebe Gott einfach etwas verwechselt hatte – die Zahlen zu meiner Rente mit den Zahlen zu meinem Steuerbescheid. Die einen fielen schrecklich niedrig aus, die anderen furchterregend hoch. Das konnte doch nicht sein! So ungerecht durfte die Welt einfach nicht sein!
Als Ü40 hat frau nicht nur verstanden, dass sich die Fenster nicht von alleine putzen und 90 Prozent der Lehrerinnen den Beruf nicht aus Liebe zur Pädagogik wählen, sondern wegen der Job-Kind-Ferien-Vereinbarung nebst den Pensionsansprüchen. Als Ü40 habe ich auch kapiert, dass es keine ausgleichende, höhere Gerechtigkeit zwischen meiner Rente und meinem Steuerbescheid gibt. Das kann ich träumen, aber in der Realität wird die Wunschvorstellung keine fünf Sekunden überleben.

Außerdem ist die Welt gar nicht bloß ungerecht, sondern ich war dazu auch noch saublöd. Warum hatte ich es nicht einfach so gemacht wie diese Streberin Evi aus meiner Klasse? Die machte nach dem Abitur eine Banklehre, studierte danach Betriebswirtschaft, zog mit 30 mit ihrem – natürlich superreichen – Mann in eine mit Eigenheimzulage finanzierte Villa und fuhr beim letzten Klassentreffen mit einem Mercedes der Extraklasse vor, einem Wagen, den alle Männer bestaunten. Die ehemaligen weiblichen Mitschüler bestaunten noch mehr Evis faltenloses, jugendliches Äußeres. Bis Evi gestand: »Das hat mich ein Vermögen gekostet. Der Gesichtschirurg in der Schweiz ist zwar der Beste, aber was der verlangt! Das sind keine Peanuts!« Mich ärgerte das noch viel mehr. Nicht auf natürlichem Wege, nein, dank ihrer frühen Weichenstellung Bank-Betriebswirtschaft-Eigenheim blieb die auch noch schön!

Beim Blick auf die Summe meiner voraussichtlichen Rente denke ich wieder an Evi. Spießer hin oder her – ich bin der Loser und sie am Ende die Siegerin. Ach, ich könnte heulen! Warum habe ich so viel in meinem Leben falsch gemacht? Warum habe ich die Zukunft übersehen und nicht an die Kohle im Alter gedacht? Wie konnte mir das nur passieren? Ich bin doch sonst so pragmatisch! Ach, wie tue ich mir selbst leid!

Das Selbstmitleid geht eine Weile so dahin, bis ich mich zusammenreiße und zum Handeln ermahne. Denn die Devise ab 40 lautet nicht »Augen *zu* und durch!«, sondern »Augen *auf* und durch!«. Papiere durchgehen, Lösungsmöglichkeiten durchgehen – und Wunschträume *nicht* durchgehen lassen.

Ich spreche mit einem Finanzberater, diskutiere mit meinem Mann, googele eine Nacht durch, treffe Versicherungsfritzen und erwäge sogar, auf den Rat meiner Mutter zu hören und eine spezielle Kapitalanlage zu wählen. Innerhalb eines Jahres leite ich alles Mögliche ein, um im Alter nicht mehr bettelarm zu sein. Reich zwar auch nicht, das geht längst nicht mehr, aber ich werde nicht unter der Brücke schlafen müssen.

PS: Gerade fällt mir ein, dass mein Sohn zur Zeit meiner Rentenaktivitäten wohl 5 Jahre alt gewesen sein muss. Seinen Wunsch nach einem Job mit sicherer Rente hatte er also vielleicht doch von mir, weil er dauernd miterlebte, was deren Fehlen bedeutet.

PPS: Vor ein paar Tagen habe ich zufällig Evi getroffen. Wie gerne würde ich Ihnen schreiben: Ihr Mann hat sie wegen einer Jüngeren verlassen oder das Vermögen verzockt, oder ihre Kinder seien schwer missraten, oder die Villa und der Mercedes seien zwangsversteigert worden – aber nein, nichts von alldem! Ich traf meine ehemalige Mitschülerin beim Besuch eines Bekannten in der Psychiatrie. Evi war dort als Patientin. Aber sie hatte nicht etwa eine Depression oder so ein Zeug, das sich unsereiner vielleicht einhandelt, nein, sie war wegen einer »Glücksneurose« eingewiesen worden, also einer Krankheit, die nur Menschen befällt, in deren Leben immer alles glattläuft. Oder habe ich das jetzt nur geträumt?

All das kann ihr nicht passieren

Du beschwerst dich, dass du die Haare
schon wieder färben musst.

Du stehst vor dem Spiegel der Bademodenabteilung
und denkst dir: So kann ich nicht an den Strand gehen,
wie sehe ich mit diesen Hängepartien bloß aus?

Du schimpfst am Steuer über den BMW-Macho,
der dir den Parkplatz wegschnappt.

Dein Mann lässt sich scheiden,
weil er deine Affäre entdeckt hat.

Du beklagst die Ungerechtigkeit der Welt,
weil nur du dir die Lippen aufspritzen lassen musst,
aber nicht dein Mann.

Du beneidest die jungen Mädchen,
weil deren Beine noch zu einem Minirock passen.

Du reist traurig alleine um die Welt und wünschst dir
so sehr einen Partner.

All das kann *ihr* nicht passieren. Eine Frau darf in Saudi-Arabien nicht Auto fahren, die Haare nicht zeigen, keinen Minirock tragen, sie darf ohne die Genehmigung des Mannes nicht verreisen oder Schönheits-OPs vornehmen lassen. Und wenn sie Ehebruch begeht, wird sie auf einem öffentlichen Platz enthauptet.

Mein Leiden, mein Schicksal, mein Elend

In den Neunzigern gab es diesen Sparkassenwerbespot, bei dem sich zwei Schulfreunde zufällig in einem Lokal begegnen und der eine stolz Fotos auf den Tisch knallt: »Mein Haus, mein Auto, mein Boot.« Der andere überlegt kurz, dann knallt er seine Fotos von Haus, Auto, Boot, »Dusche«, »Badewanne« und »Schaukelpferd« auf den Tisch und toppt den anderen damit. Zusammen mit Freundinnen habe ich darüber sehr gelacht – wie entlarvte es doch die männlichen Spießer, die ihren Wert an Besitz festmachten.
In der heutigen Variante für Frauen könnte der Spot lauten: »Mein Leiden, mein Schicksal, mein Elend!« Dorothee, die ich wegen anderer Qualitäten wirklich mag, wäre eine Spitzenkandidatin für einen Spot-Award. Auf die Frage, wie es ihr geht, antwortet sie stets mit »Eigentlich ganz gut«. Danach folgt unweigerlich ein »Aber«, das verschiedene Aspekte ihres Daseins einschränkt.

Aber ... es ist ein Elend mit dem Chef. Schon wieder keine Gehaltserhöhung.
Aber ... apropos Geld ... Der Ex ist unglaublich. Psychisch gestört. Neurotisch auf das Geld versessen. Nun wollte er schon wieder nichts zahlen.
Aber ... apropos Kinder ... Mit den Kindern gibt es immer Trouble. Jetzt hängt der Große nach dem Abi nur im Zimmer herum und macht gar nichts.

Aber … apropos Vergammeln … Der einzige gute und bezahlbare Friseur in der Stadt hat zugemacht. Jetzt habe ich neben so vielem anderen auch noch die Friseursuche an der Backe. Als ob ich über Zeit wie Sand am Meer verfügen würde!

Aber … apropos Friseur … Das ist doch eine einzige zum Himmel schreiende Ungerechtigkeit, dass Frauen dafür viel mehr bezahlen müssen als Männer.

Aber … apropos Männer … die kommen in die reifen Jahre, wir hingegen werden alt. Ja, alt! Schrecklich alt. Es ist furchtbar.

Aber … apropos alt werden … um die Eltern muss ich mich jetzt auch zunehmend kümmern. Warum muss ausgerechnet ich ein Einzelkind sein und die ganze Last an mir alleine hängenbleiben?

Aber … apropos Last … wenn es nur einen Mann gäbe, mit dem ich alle Lasten teilen könnte, ach, hätte ich nur einen Partner, wie viel schöner wäre alles. Nie mehr einsam am Sonntag alleine durch den Park gehen.

Aber … apropos Männer … Mein Großer scheint ganz nach dem Ex zu kommen. Dabei hat der sich doch nie um die Kinder gekümmert.

Aber …

Apropos …

Was habe ich schon versucht, Dorothee zu trösten. Ein Mann wird schon noch kommen. Die Kinder werden ihren Weg schon noch machen. Ihr Ex ist zwar ein Idiot, aber viele Jahre hat er mehr als nach der Tabelle vorgeschrieben für die Kleinen bezahlt. Natürlich hat sie es als Alleinerziehende schwerer als ich, aber bei uns ist auch nicht alles rosig. Friseure gibt es zigfach in der Stadt, da lässt sich doch einer finden. Und ja, wir werden älter – aber …

»Danke, du hast mir echt geholfen!«, sagt Dorothee nach meinen Tröstungsversuchen oft, und ich freue mich darüber, die Freundin ein wenig stützen zu können.
Die Sache hat nur einen Haken – eine Woche später scheint Dorothee an einer schweren Gedächtnisstörung erkrankt zu sein. Das nächste Aber und das nächste Apropos kommt so sicher wie das Amen in der Kirche. Im Prinzip ist es völlig sinnlos, dagegen anzuargumentieren, und trotzdem tat ich es der alten Freundschaft willen doch immer wieder – bis zu Dorothees Geburtstagsfeier vor einem Jahr.
Dorothee hatte hauptsächlich Mädels eingeladen. Eine lockere Party mit kaltem Büfett, zu dem jeder etwas mitbrachte. Leise Hintergrundmusik, unserem Alter angepasst. Smalltalk über italienische und asiatische Feinkostläden in der Stadt, über Pflanzen und gute Weine. Mein Sohn Lukas würde das so kommentieren: »Ui, was habt ihr für ein spannendes Leben!«
Ich bin im Grunde genommen ganz froh um diese unverfänglichen Themen, denn mein Instinkt warnt mich, ernste Themen anzuschneiden.
Bald gehen die ersten Gäste (»in meinem Alter kann ich nicht mehr so lange feiern«), und die Runde rückt zusammen. Gut ein Dutzend Leute sitzt schließlich an einem Tisch.
Und ehe ich michs versehe, wird aus einem Abend, der zum Feiern gedacht war, eine Art »Aber-Wettbewerb«.
»Jetzt, wo das Leben gerade so schön wäre, altern wir so gnadenlos.«
»Die Welt ist einfach ungerecht, mein Mann hat es so viel leichter im Job. Und kriegt noch mehr Geld dafür.«
»Deiner macht wenigstens noch was im Haushalt, meiner ist nur noch ein Ekel.«
Mir liegt die Frage auf der Zunge, warum sich die Blonde

vom Ekel dann nicht trennt. Die »Abers« sind jedoch schneller. Sie schlagen akustisch so auf dem Tisch auf wie die Fotos aus dem Werbespot.
»Joggen geht gar nicht mehr. Sehnenverkürzung. Keine Gymnastik hat geholfen. Der schönste Teil meines Lebens ist futsch.«
»Meine Galle hab ich auch nicht mehr. Und das war eine Fehldiagnose! Eine *Fehldiagnose!* Bei der heutigen Technik eine Fehldiagnose! War kein Polyp, nur ein Stein! Und deshalb kann ich nun nichts Fettes mehr essen!«
»Fettes esse ich schon lange nicht mehr, in unserem Alter …«
»Ihr solltet froh sein, wie gut es euch geht. Ich hatte Hautkrebs. Ist jetzt schon fünf Jahre her, aber man weiß nie.«
»Seit meinem Bandscheibenvorfall bin ich viel unbeweglicher« – höre ich mich selbst plötzlich sagen.
»Ja, so ein Bandscheibenvorfall ist furchtbar. Da ist nichts mehr, wie es früher war. Ich weiß, wovon ich spreche.«
Meine Tischnachbarin nickt mir mitleidig zu.
Um Gottes willen! Das muss ansteckend sein. Oder hat sich Dorothee gezielt solche Freunde ausgesucht, mit denen sie sich im Jammern überbieten kann?
Die Aber-Runde macht munter weiter. Meine Gedanken schweifen ab, ich höre nicht mehr zu. Eigentlich möchte ich gehen. Das ist ja wie im Altersheim hier – wobei ich den Senioren damit wahrscheinlich unrecht tue, die können sicher fröhlicher sein.
Wenn es heißt, 50 sei das neue 30, dann kann ich nur sagen: Und der Opferstatus ist der neue Besitzstatus. Wer ist diskriminierter? Wem geht es schlechter? Wer hat mehr Berechtigung zu jammern? Wem setzt das Schicksal mehr zu? Das scheint ja fast zum Angeben zu gehören, so wie früher Häuser, Autos, Yachten. Denn nicht nur die Mädels in der

Runde trumpfen mit den Abers auf, sondern auch die zwei verbliebenen Herren.
Nö, Leute, nicht mit mir! Ich heule mich zwar auch gelegentlich aus und fühle mich wie das ärmste Häschen (mein Mann, mein Job, meine Kinder, meine Eltern etc.), aber eine Lebenshaltung mach ich nicht daraus. Nicht mit mir. Ich will hier weg! Aber etwas hält mich ab. Die Höflichkeit gegenüber Dorothee. Aha! Auch schon wieder ein Aber. Eigentlich möchte ich ja gerne gehen, *aber* ... und *apropos*: Ist es nicht ein Elend mit alten Freundinnen?
Ich muss über mich selbst schmunzeln. Bin ich etwa einen Deut besser? Die Runde schaut mich irritiert an nach dem Motto: »Was gibt es da zu lachen?«
»Tut mir leid, dass ich grad so fröhlich bin«, höre ich mich sagen und stehe auf. »Dorothee, sei mir nicht böse, ich möchte euch hier nicht die miese Stimmung verderben, ich geh jetzt lieber!«
Ich wette, dass die ganze Runde jetzt denkt: »Was für eine fürchterliche Freundin hat die arme Dorothee da!« Aber es ist mir egal. Mir liegt hier nur an Dorothee etwas, und mit ihr werde ich das später klären können.
Dorothee kommt mit zur Tür. »Eigentlich müsste ich jetzt sauer auf dich sein, aber du hast schon recht. Das ist wirklich nur noch eine Jammerei. Hab noch einen schönen Abend!« Mit Küsschen verabschieden wir uns in alter Freundschaft.
Ein paar Tage später telefoniere ich mit Dorothee. »Eigentlich geht es mir gut«, sagt sie, »aber meine Geburtstagsfeier war eine einzige Katastrophe. Apropos ...«

Männliche Denker & weibliche Genießer

»Glück ist Selbstgenügsamkeit.«
Aristoteles (384–322 v.Chr.), griechischer Philosoph

»Glücklich ist, wer alles hat, was er will.«
*Aurelius Augustinus (354–430 n.Chr.),
Bischof und Kirchenlehrer*

Also wie jetzt?
Zum Glück gibt es zahlreiche Zitate, Sprüche und Ansichten, quer durch die Jahrhunderte und von allen möglichen Dichtern und Denkern. Die mit Abstand am meisten Aussagen beziehen sich auf Verzicht oder Reichtum. Geld macht glücklich. Geld macht doch nicht glücklich. Je weniger ich habe, desto glücklicher bin ich. Je mehr ich habe, desto glücklicher bin ich. Je mehr ich gebe, desto mehr bekomme ich. Je weniger ich gebe, desto mehr habe ich.
Im Grunde genommen widersprechen sich sämtliche Zitate dieser Art komplett und leuchten doch jeweils sofort ein. Wenn ich von Aristoteles lese: »Glück ist Selbstgenügsamkeit«, denke ich sofort daran, wie schön es sein kann, alleine auf meinem Balkon zu sitzen und mit nicht mehr als einem Glas Wasser den Sonnenuntergang zu genießen. Wenn ich Augustinus lese mit: »Glücklich ist, wer alles hat, was er will«, leuchtet mir das auch sofort ein. Ich habe einen erfüllenden Job, eine tolle Familie, eine schöne Wohnung und sogar meinen Traumwagen, einen Fiat 500.

Hm, aber der Fiat 500 würde mich jetzt für Männer vermutlich schrecklich disqualifizieren und der Selbstgenügsamkeits-Fraktion zuordnen. »Alles, was er will«, kann doch kein Fiat 500 sein! Unter einem Mercedes oder Porsche kann doch kein erfülltes Glück liegen! Oder, in der Variante der modernen, ökologisch bewegten Männer: Unter einem Rennrad für mindestens 5000 Euro kann man die Frau mit ihrem Glück über ein City-Bike für 400 Euro doch nicht ernst nehmen!
Männer aller Länder, beruhigt euch wieder! Auch wir Frauen haben so unsere Dinge, bei denen wir auf Selbstgenügsamkeit pfeifen und alles haben wollen. Ich zum Beispiel möchte eine Flatrate für 10 Euro bei meinem Hautarzt für Vampir-Lifting, das ich mir sonst nicht leisten kann.
Vielleicht rühren die ganzen Widersprüche in den Zitaten daher, dass Männer sie verzapft haben? Drängen uns die Herren Aristoteles und Augustinus ihre männliche Sicht damit auf? Könnte sein, denn Lisa Zimmermann, eine Frau, äußert sich zum Glück erfrischend pragmatisch so: »Wenn du heute glücklich bist, hast du gestern nichts falsch gemacht. Und wenn du morgen noch glücklich bist, dann hast du heute alles richtig gemacht, genieß es einfach!«

Interview mit dem Bildnis von Dorian Gray

Uns ist ein sensationeller Fund gelungen! Wir haben das Originalbild des Dorian Gray entdeckt! Für alle, denen »Dorian Gray« nichts sagt: Der angelsächsische Schriftsteller und Dandy Oscar Wilde schrieb Ende des 19. Jahrhunderts einen Roman über das Bildnis des Dorian Gray. Darin altert statt der Person Dorian Gray nur ein gemaltes Porträt von ihm. Während der Mensch Dorian äußerlich immer Anfang 20 bleibt, schreiben sich in sein Bildnis Alter, Verbitterung und Grausamkeit ein. Am Ende des Romans wird das Gemälde wieder in seinen ursprünglichen Zustand zurückverwandelt.

ICH WILL SO BLEIBEN, WIE ICH WAR Herr Gray, vielen Dank, dass Sie uns ein Exklusiv-Interview geben! Wie geht es Ihnen?

DAS BILDNIS DES DORIAN GRAY Gut. Oder glauben Sie wirklich, ein Engländer würde diese Frage ehrlich beantworten und gar wie ein Deutscher auf ein simples »*How are you?*« jammern? Wir Engländer antworten immer mit »gut«.

ICH WILL SO BLEIBEN, WIE ICH WAR Ähm, ja … aber in Ihrem Falle darf man doch fragen, ich meine, Sie sind jetzt seit 126 Jahren ein Gemälde und sehen immer noch so jugendlich schön aus!

DAS BILDNIS DES DORIAN GRAY Aber gute Frau, Sie wissen doch, dass ich einige Jahrzehnte alterte, ehe ich wieder zu meinem Ursprung zurückkehrte. Oder kennen Sie Oscar Wilde nicht?

ICH WILL SO BLEIBEN, WIE ICH WAR Doch, natürlich, deshalb sind Sie ja so interessant, weil Sie alterten und schließlich wieder jung wurden. Sie wissen, wie sich beides anfühlt. Es gibt ja ein paar Beispiele in der Literatur, in denen jemand unsterblich und auch immer jung bleibt. Aber meines Wissens wurde nie jemand beschrieben, der zuerst den sterblichen und dann den unsterblichen Weg nahm.

DAS BILDNIS DES DORIAN GRAY Wobei mein Fall schon sehr speziell ist.

ICH WILL SO BLEIBEN, WIE ICH WAR Wie meinen Sie das? Weil Sie die Gesichtszüge eines Mörders tragen mussten?

DAS BILDNIS DES DORIAN GRAY Nein (*räuspert sich*) ... also ich möchte nicht Gefängnis riskieren.

ICH WILL SO BLEIBEN, WIE ICH WAR Gefängnis? Ach so! Sie meinen, weil Sie schwul sind? Die Strafen dafür sind längst abgeschafft. Heute ist es – zumindest in Europa – ganz selbstverständlich, homosexuell zu sein.

DAS BILDNIS DES DORIAN GRAY Das ist ja wunderbar!

ICH WILL SO BLEIBEN, WIE ICH WAR Finden wir auch! Und deshalb ist Ihr Fall gerade für uns Frauen doppelt interessant. Denn Heteromännern ist das Aussehen doch nicht so wichtig.

DAS BILDNIS DES DORIAN GRAY Da haben Sie freilich recht. Darüber habe ich übrigens lange grübelt, warum Schönheit Frauen und Homosexuellen so viel wichtiger ist.

ICH WILL SO BLEIBEN, WIE ICH WAR Und warum? Eine spannende Frage.

DAS BILDNIS DES DORIAN GRAY Die Ästhetik, meine Liebe, es liegt an der Ästhetik, mit der sich unterdrückte Geschlechter viel mehr befassen als die herrschende Norm.

ICH WILL SO BLEIBEN, WIE ICH WAR Die Ästhetik, ja ... ich kenne auch nur Frauen und Schwule, die sich stundenlang über Kleiderfragen oder die Wohnungsdeko unterhalten können. Mittlerweile ist jeder Friseur, zumindest gefühlt, schwul. Nicht zu vergessen die Modemacher und die Balletttänzer – da ist der Schwulenanteil extrem hoch. Aber warum ist das so?

DAS BILDNIS DES DORIAN GRAY Weil wir uns schmücken müssen, schönmachen müssen, für andere, die uns erwählen. Weil wir ständig gegen die jüngere Konkurrenz kämpfen.

ICH WILL SO BLEIBEN, WIE ICH WAR Ja, das ist tatsächlich ein Problem. Die Jüngeren sind einfach schön und müssen sich nicht schönmachen. Und da wir nur eine kurze Zeit jung sind, stehen wir die meiste Zeit des Lebens vor der Aufgabe, uns schöner zu machen.

DAS BILDNIS DES DORIAN GRAY Trotzdem funktioniert ewige Jugend und Schönheit nicht so einfach, wie wir uns das wünschen. Das sehen Sie ja an meinem Fall. Jung bleiben und äußere Schönheit trieben ja mein menschliches Vorbild in …

ICH WILL SO BLEIBEN, WIE ICH WAR … das wollen wir jetzt aber nicht verraten, für alle, die den Roman von Oscar Wilde noch nicht kennen und lesen wollen.

DAS BILDNIS DES DORIAN GRAY Einverstanden. Aber ich verrate nicht zu viel, wenn ich Ihnen versichere, dass jung bleiben und zugleich innerlich geistig und weltanschaulich altern, zu einem Haufen Probleme führt. Wer jung ist, ist normalerweise naiv und setzt seine Schönheit nur in Ausnahmefällen bewusst für eigene Zwecke ein. Erst beim Älterwerden merkt der Mensch, was der schöne, junge Körper eigentlich wert ist. Was er für ein Pfund ist, mit dem man wuchern kann oder vielmehr könnte – wäre man noch mal so jung.

ICH WILL SO BLEIBEN, WIE ICH WAR Sie haben ja durchexerziert, beziehungsweise schmerzhaft durchlebt, was es bedeutet, wenn der natürliche Zusammenhang zwischen beidem auf den Kopf gestellt wird.

DAS BILDNIS DES DORIAN GRAY Allerdings. Die Person, beziehungsweise eben ich, wurde richtig böse. Ich dachte ja zunächst auch – wie Oscar Wilde –, wer jung und schön bleibt, kann das Leben ohne Ende genießen. Das würde freier, lebenslustiger, abgeklärter und vor allem auch glücklicher machen. Sich nicht mit dem Alltag und Kleinkram wie Falten, Hängepartien und grauen Schläfen herumschlagen zu müssen, sollte uns doch eigentlich – wenn wir uns dessen gewahr sind – jeden Tag unerhört genießen lassen. Das Gegenteil war der Fall, es machte Dorian Gray ungenießbar, ja zum Verbrecher.

ICH WILL SO BLEIBEN, WIE ICH WAR Das klingt jetzt aber so, als sollten wir im Umkehrschluss froh darüber sein, dass wir altern, und uns nicht dagegen auflehnen.

DAS BILDNIS DES DORIAN GRAY Exakt. Es ist kein Zweckoptimismus, wie man heute so unschön sagt, sondern wir sind einfach am glücklichsten, wenn wir uns nicht gegen die natürlichen Abläufe wehren.

ICH WILL SO BLEIBEN, WIE ICH WAR Das sagen Sie so einfach, die Sie aus einer längst vergangenen Zeit kommen. Sie wissen vielleicht nicht, dass es mittlerweile Schönheitsoperationen und Mittel gegen Falten wie Botox en masse gibt und diese auch eingesetzt werden. Die »Schönheitsspirale« hat sich dermaßen hochgeschraubt, dass Frauen oder Schwule mit altersgemäßen Falten fast schon auffällig sind.

DAS BILDNIS DES DORIAN GRAY Dagegen ist nichts einzuwenden.

ICH WILL SO BLEIBEN, WIE ICH WAR Wie bitte? Sie sind doch selbst der beste Beleg für die negativen Auswirkungen von Schönheitskult und -zirkus.

DAS BILDNIS DES DORIAN GRAY Meine Liebe, ich bitte Sie! Nachbesserungen gab es doch schon immer, und man oder frau muss einfach mit der Zeit gehen. Schon die alten Ägypterinnen malten sich die Lippen rot an, wenn sie nicht mehr so prall und rot und voll waren.

ICH WILL SO BLEIBEN, WIE ICH WAR Aber das ist doch etwas anderes, als sich unters Messer zu legen oder sich ein Nervengift unter die Haut spritzen zu lassen.

DAS BILDNIS DES DORIAN GRAY Unfug! Glauben Sie, für eine einfache, arbeitende Ägypterin war es so einfach, sich Lippenrot zu besorgen? Glauben Sie ernsthaft, damals gab es noch keine Konkurrenz? Das ist ein Urthema, vor allem unter Schwulen und Frauen: Wie kämpfe ich gegen den alternden Körper an? Natürlich darf man der Natur nachhelfen!

ICH WILL SO BLEIBEN, WIE ICH WAR Aber werden wir damit glücklicher? Wäre es nicht einfacher, wenn niemand mehr nachbessern würde? Was würde uns das Kosten und Aufwand ersparen!

DAS BILDNIS DES DORIAN GRAY (*ironisch*) Oder noch besser: gleich das Altern aufhalten und ewig jung bleiben. Stattdessen ein Bild altern lassen?

ICH WILL SO BLEIBEN, WIE ICH WAR Womit wir wieder bei Ihrer Geschichte wären.

DAS BILDNIS DES DORIAN GRAY Genau. Und Sie wissen, wie es Dorian Gray erging. Wurde er glücklich dadurch?

ICH WILL SO BLEIBEN, WIE ICH WAR Nein, im Gegenteil.

DAS BILDNIS DES DORIAN GRAY Eben!

ICH WILL SO BLEIBEN, WIE ICH WAR Dann haben Sie also auch keine Lösung für unser Problem?

DAS BILDNIS DES DORIAN GRAY Doch – das Thema nicht als Problem zu sehen.

ICH WILL SO BLEIBEN, WIE ICH WAR Na denn. Wir danken Ihnen für das Exklusivinterview und werden das mal versuchen.

Take it or leave it!

Ein ganz böser Witz geht so: Ein Mann hängt über einer Klippe, seine Frau hält ihn am Arm fest und versucht, ihn hochzuziehen. Kommt die Freundin der Frau dazu und bemerkt lapidar: »He, frau muss auch mal loslassen können.«

»Loslassen können« – es ist in aller Munde, wenn ich mit Freundinnen spreche. Wir müssen die Kinder loslassen können, bisweilen den Mann, immer eigentlich auch vom Job, und selbst zu allen möglichen Gegenständen hörte ich schon diese Bemerkung oder gab sie selbst ab. Wenn Dorothee beim Umzug davon spricht, dass sie Bücher einfach nicht hergeben kann, obwohl in der neuen Wohnung nur ein halb so großes Bücherregal Platz hat, rate ich ihr: »Lass mal los, von den Büchern. Das wird dir guttun.« Umgekehrt sagte Kikki schon zu mir, wenn ich mich von den Schuhen, die ich anno 1984 kaufte, nicht trennen wollte: »He, wirf sie weg! Du musst auch mal loslassen können.«

»Loslassen können« ist unser kollektives Lebensmotto, so wie zwei Generationen vor uns das Lebensmotto der Frauen noch war: »Halte auch in schlechten Zeiten zu ihm. Lass dich ja nicht scheiden! Es kommt nichts Besseres nach!«

Profi-Loslasserinnen unter uns halten erst gar nichts mehr fest, um nicht in die Gefahr zu geraten, irgendwo festzukleben. Für »Simplify your life« haben sie nur ein müdes Lächeln übrig. Sie müssen weder Partner, Kinder noch Schuhe vereinfachen – sie haben Derartiges erst gar nicht angesammelt. Also wäre eigentlich alles ganz einfach (simpel), wenn wir von Anfang an loslassen könnten. Aber dann gibt es wiederum diese Freundinnen, die entsetzt aufheulen, wenn ich auch nur ansatzweise andeute, mich eventuell mal im nächsten Leben von Alex trennen zu wollen. »Wie kannst du nur? Du bist doch bindungsfähig, im Gegensatz zu mir!« Oder diese Freundinnen, die mir sagen: »Ich will mich ja nicht einmischen, aber meinst du nicht, dass du Lukas und Eva zu viele Freiheiten lässt? Man darf sie nicht zu früh sich selbst überlassen.« Oder jene anderen, die stolz behaupten und mich zweifelnd angucken: »Also *ich* bin mir selbst immer treu geblieben.«

Was denn nun? Trotz der aktuellen Mode des Loslassen-Mottos hält sich das Festhalten in Form von »Nähe« oder »Bindung« weiter hartnäckig.

Bis ich etwa 40 Jahre alt war, schwankte ich oft hin und her. Bin ich eine Glucke und ein Feigling und eine dumme Kuh, die nicht loslassen kann? Oder bin ich vielleicht eine beziehungsfähige Person, die stabile Bindungen aufbauen kann und sich selbst treu bleibt? Das Pendel schlug mal in die eine, mal in die andere Richtung aus. Konstant dabei blieb nur, mich selbst in Zweifel zu ziehen.

Seitdem ich 45 geworden bin, denke ich darüber überhaupt nicht mehr nach. Die Frage, ob ich festhalten oder loslassen kann, wurde urplötzlich quasi über Nacht so unwichtig wie der Wetterbericht für ein ostchinesisches Dorf vor zehn Tagen.

Was ist denn da passiert? Schüttet der weibliche Körper jenseits der 45 Hormone aus, die weder festhalten noch loslassen? Nein, etwas wunderbar anderes ist passiert – die Frage stellt sich mit 45 plus einfach nicht mehr, und ich muss mich deshalb nicht länger entscheiden. Intuitiv weiß ich (von Schuhen mal abgesehen!) fast immer, was es wert ist, behalten oder weggeworfen zu werden. Und noch schöner: *wen* ich behalte und *wen* ich zum Teufel jage.

Die Engländer haben das Sprichwort: »*Take it or leave it!*« Es lässt sich nur unzureichend mit »Nimm es oder lass es!« oder »Halte fest oder lass los!« übersetzen. »*Take it or leave it!*« heißt vor allem auch: »Mach, was du willst, aber belästige mich mit den Fragen dazu nicht mehr.« Und so gehe ich mir selbst nicht mehr auf den Keks. Weil sich die Spreu automatisch vom Weizen trennt, wenn frau das Sieb der Lebenserfahrung gut in den Händen hält.

Hanlon's razor

Welche Laus ist dem denn über die Leber gelaufen, frage ich mich, als mein Mann vom Büro heimkommt, die Jacke in die Ecke knallt und mit der Bemerkung »muss noch was erledigen, komme dann schon« in sein Arbeitszimmer abdampft.
Mit mir oder den Kindern kann es nichts zu tun haben. Hatte er mit dem Geschäftspartner Ärger im Büro? Nein, bei normalem Partner-Ärger im Büro trägt Alex eine Leidensmiene von Premiumqualität im Gesicht und signalisiert mir mit jeder Pore seines Daseins, dass er nur für uns all diese Ungerechtigkeiten der Welt erträgt. Nur für uns, nur für die Familie, nimmt er das alles hin, denn schließlich braucht eine Familie einen zuverlässigen Ernährer. Und ein Familienernährer muss sich einfach viel mehr gefallen lassen als so ein »im Grunde genommener« Freigeist wie Alex, der einst, anno 1982, seinem damaligen Chef so die Meinung geigte, dass er fast entlassen worden wäre. Hinterher gratulierten ihm alle Kollegen zu dieser mutigen Tat, und Alex erzählt heute noch gefühlt alle sieben Minuten von diesem Ereignis, als wolle er belegen, wie sehr ihm die Familienfürsorge Fesseln angelegt hat.
Ich weiß, ich bin ungerecht und gemein, wenn ich das so schildere. Denn umgekehrt berichte ich – laut Eva und Lukas – auch bei jeder passenden und unpassenden Gelegenheit davon, wie frech ich mal in meiner Ausbildung dem Chef die Meinung gesagt habe, und welche Karrieremöglichkeit ich später ungenutzt verstreichen lassen musste, weil ich mich damals doch um die zwei kleinen Kinder

kümmern musste, da Alex ja nur noch im Büro war und ich mit dieser Dreifachbelastung »Kinder, Job und Haushalt« einfach nicht vom Fleck kommen konnte. Welche Frau kann bei so einem Stress da schon auf den Tisch hauen und eine neue Gewerkschaft gründen, wenn der Chef die Teilzeitstellen um eine Stunde aufstockt, dabei die Bezahlung einfriert – während bei der Verkündigung im Konferenzraum um 17 Uhr meine zwei Kinder auf die Abholung aus dem Kindergarten warten?

Alex musste nie und niemals bei einer Verhandlung mit Kunden an das Einsammeln der Kinder aus der Kita denken. Wie viel mutiger hätte er doch sein können! Wie viel heldenhafter könnte er heute noch sein?! Er könnte dem Geschäftspartner mal richtig die Meinung geigen … na ja … ganz so vielleicht auch nicht, denn im Grunde genommen bin ich auch ganz froh, dass er stabil die Kohle verdient, die wir zum Leben brauchen. Also eigentlich muss ich ganz zufrieden sein, dass er die Verantwortung für unser Familienbudget übernimmt.

Aber was mich einfach ärgert, ist die Tatsache, dass er glaubt, nur *er* habe das miese Los der Familienverantwortung gezogen und müsse deshalb vor jedem Kunden zu Kreuze kriechen. Das trägt er bisweilen wie eine Monstranz vor sich her und leitet daraus Ansprüche ab, wie das Bad am Wochenende nicht zu putzen. Weil er sich ohnehin schon so viel gefallen lassen muss, für die Familie. Und bei dieser ganzen Aufopferung soll er dann auch noch am Wochenende das Badezimmer putzen? Also wirklich. Auf welche Ideen ich auch komme …

Aber gut, lassen wir das – es ist ein Grundkonflikt unserer Ehe, den wir wohl nie mehr lösen werden, bei allen guten Vorsätzen, bei allen Gesprächen, die wir dazu schon geführt haben. Vier Wochen ist Ruhe, dann taucht das

Thema in Variationen wieder auf, wie graue Haare, die gefärbt werden müssen, leider ebenso regelmäßig mittlerweile.

Jedenfalls ist die Leidensmiene, mit der Alex an diesem Abend heimkommt, eine andere als die übliche Aufopferungs-Gefallenlassenmüssensmiene. Die Leber-Laus scheint auch nicht von seinem Geschäftspartner zu stammen. Woher ich das weiß? Keine Ahnung. Ich rieche es und folge ihm deshalb ins Arbeitszimmer, um unter Ausschluss der Öffentlichkeit (also unserer Kinder) mit ihm darüber zu sprechen. Ich vermeide selbstverständlich Fragen wie: »Schatz, geht es dir nicht so gut?« Wenn Sie einen Mann kennen, der darauf mit »Ja, weil…« antwortet, melden Sie ihn mir bitte, und ich überweise Ihnen dafür meinen Lottogewinn. Denn dass beides zusammen eintritt, hat ungefähr die gleiche Wahrscheinlichkeit (mein Sohn Lukas hat gerade in der Kollegstufe Stochastik, und deshalb kenne auch ich mich mit Mathe aus!). Wie nebenbei frage ich Alex: »Wann kommst du denn zum Essen, ich will es nur wissen, aber fühl dich nicht verpflichtet!« (*Der* Zaubernachsatz für jedes harmonische Zusammenleben mit Mann: Lassen Sie ihm die Entscheidungskompetenz). »Bald!«, brummt Alex. Diese Antwort würde mich auf die Palme bringen, wäre ich heute nicht so wohlgesinnt und würde Lukas morgen nicht eine wichtige Klausur schreiben, auf deren Vorbereitung er sich konzentrieren soll statt auf einen Streit der Eltern. Besser, ich gehe und sage lieber nichts mehr. Aber kaum drehe ich mich um, fragt mich Alex, ob ich nicht doch noch einen Moment Zeit hätte, ob das unter »*Hanlon's razor*« fiele? Wie? Was? Hanlons Rasiermesser? Wovon spricht er?

»*Never assume malice when stupidity will suffice*«, erklärt Alex, so ließe sich die »Hanlon's Razor« bezeichnete Lebensweisheit zusammenfassen. Ich stutze kurz und übersetze. »Gehen Sie nicht von Bosheit aus, wenn Dummheit zur Erklärung reicht.«

Offenbar hatte er seinem Partner stundenlang erklärt, dass in einem Patentstreit ein spezieller Anwalt zu beauftragen sei, einer, der sich wirklich mit der Materie auskennt. Alex hatte erläutert, warum und wieso nur dieser eine Anwalt für die Firma geeignet sei; weniger spezialisierte Anwälte würden sich in dem ganzen Paragraphengewirr verlieren. Der Partner hatte sich das überlegen wollen – und kam am nächsten Tag freudestrahlend ins Büro mit der Bemerkung, man könne sich einen Anwalt sparen, er habe mit seinem Kumpel, einem Steuerfachgehilfen, darüber gesprochen, und der habe ihm dringend abgeraten. Anwälte seien alle überbezahlt und zu nichts nutze. Ob Alex wisse, dass Anwälte nach Streitwert bezahlt würden?

Ich bemitleide meinen Mann aufrichtig und pflichte ihm bei, dass dieser Fall definitiv unter »*Hanlon's razor*« falle. Oder wie Goethe schon in den »Leiden des jungen Werther« schrieb: »Missverständnisse und Trägheit machen vielleicht mehr Irrungen in der Welt als List und Bosheit.« Goethe korrigierte später »Missverständnisse und Trägheit« zu »Dummheit«.

Seitdem Alex mich auf das Rasiermesser aufmerksam machte, sehe ich es plötzlich ganz oft: Der Nachbar hat für uns ein Päckchen nicht angenommen – es war keine Bosheit, wie zuerst vermutet. Er dachte nur irrigerweise, wir wären gerade im Treppenhaus, er hat Stimmen verwechselt. Ein Kollege beschwert sich lautstark beim Chef über mich und die Abteilungsleiterin – hinterher stellt sich heraus, dass der Kollege nur zu dumm war, die Einladung zu einer Betriebsfeier genau zu lesen, und mich und die Abteilungsleiterin für intrigant hielt. Evas Englischlehrerin zieht der

Tochter in einem Aufsatz Punkte mit der Randbemerkung »unleserlich, wirr!« ab. Ich kann erfolgreich dagegen protestieren – die »gute« Dame kannte nur nicht, was Eva von Alex gelernt und im Aufsatz erwähnt hatte: *»Hanlon's razor«*. Wenn das mal kein Beweis für das Rasiermesser ist!

Mein Kiwi

Manche Leute haben einen Kobold. Ich auch. Meiner heißt übrigens Kiwi. Er heißt Kiwi, weil ich ihn nach meiner ersten Begegnung mit der gleichnamigen Obstart so taufte. Er lief mir beim türkischen Gemüsehändler um die Ecke zu. Ich stand vor dessen Auslagen, prüfte gerade eine Kiwi und hörte ihn plötzlich flüstern: »Zu diesem Preis kannst du dir eine Kiwi nicht leisten. Hättest du mal nicht vorgestern 100 Euro für die Schuhe ausgegeben. Offenbar sind dir neue Schuhe mehr wert als gesundes Obst und Vitamine für deine Kinder.«
Ich war baff, sprachlos und fühlte mich schrecklich ertappt, als ich die Kiwi tatsächlich zurücklegte. Nachts träumte ich noch mal davon. Die Kiwi hielt mir vor, eine Egoistin *par excellence* zu sein und mich lieber mit Luxuswaren einzudecken als an die Zukunft meiner Kinder zu denken. Doch diesmal hielt ich dagegen: Ha, das ist die typische Mutterfalle, sich nur aufopfern, in die tappe ich bestimmt nicht hinein! Ich muss schließlich auch auf mich achten, sonst werde ich nur noch ungut und damit auch eine ungute Mutter! Den Kindern geht es nur gut, wenn es der Mutter gutgeht, und zwar genau in dieser Reihenfolge, sagt ein alter Hebammenspruch. Und mir geht es nun mal gut, wenn ich mir ab und zu etwas leiste. Wie beispielsweise Schuhe für 100 Euro.
Damit, so glaubte ich, hätte ich das plappernde Wesen zum Schweigen gebracht. Doch weit gefehlt. Aus der Kiwi in der weiblichen Form wurde der Kiwi in der männlichen Form, der immer öfter auftauchte. Kaum begab ich mich an

einem Sonntag zu einem Mittagsschlaf ins Bett, begann der Kiwi zu toben: »Du legst dich hier hin zu einem Luxusschlaf, während deine Mutter unter der harten Gartenarbeit ächzt. Wann hast du ihr zuletzt tatsächlich geholfen und das nicht bloß freundlich am Telefon angekündigt?«
Der Kiwi setzte sich in mein Ohr, wenn ich mich mit Kikki traf, ein Glas Wein trank und mich über Politik unterhielt. »Deine Kinder brauchten jetzt gerade vielleicht Unterstützung. Du müsstest anwesend sein und damit ansprechbar. Stattdessen sitzt du hier mit Kikki rum und unterhältst dich über so unwichtiges Zeug wie Politik!«
Doch mein Kiwi konnte auch ganz anders, und zwar genau umgekehrt: Kaum saß ich im Büro, versuchte, eine politische Meldung zu verfassen, und Lukas rief wegen einer Frage zum Basketball an, meldete sich der Kiwi mit den Worten: »Was bist du eigentlich für eine fürchterliche Mitarbeiterin? Du kannst froh sein, dass dir der Chef noch nicht gekündigt hat, so oft, wie du während der Arbeit gedanklich bei Privatem bist!«
Mein Kiwi meldete sich, wenn ich meiner Mutter tatsächlich bei schwerer Haus- oder Gartenarbeit half, weil ich dann nicht bei meinem Mann und meinen Kindern war.
Er meldete sich, wenn ich mich hübsch machte oder wenn ich mich gehenließ. Wenn ich mich schminkte, fragte er schon mal, ob ich nichts Besseres zu tun hätte. Ging ich ohne Make-up aus der Wohnung, fragte er, wie eine Frau sich nur so sehr vernachlässigen könne. Und er meldete sich sogar schon mal, wenn ich vorbildlich meine Pflichten im Alltag erfüllte – wie könne ich nur so ein unerotisches, spießiges Weib sein?
Dieser mein Kiwi existiert wirklich und entspringt nicht nur meiner Phantasie! In breiten Kreisen hat er gemeinhin nur einen anderen Namen: schlechtes Gewissen. Doch mit

zu den schönsten Erfahrungen des Älterwerdens gehört, dass so ein Kiwi Frauen ab 45 Jahren zunehmend so unattraktiv findet, dass er nicht mehr bei ihnen bleiben will und sich eine Jüngere sucht.

Warum haben Sie kein Taxi genommen?

Eine todsichere Methode, das persönliche Glücksbarometer ganz weit nach unten zu drücken, besteht darin, sich an dümmste Entscheidungen im Leben zu erinnern. Suchen Sie möglichst solche, die Sie innerhalb von Sekunden gefällt, und keine, über die Sie länger nachgedacht haben. Durchforsten Sie Ihre Biographie demnach zu Situationen wie: »Weil ich noch schnell Blumen besorgen wollte, bog ich links ab und nicht rechts, wie üblich. Wäre ich wie immer mit dem Fahrrad nach rechts in die Straße gefahren, hätte mich der BMW, der urplötzlich aus der Ausfahrt kam und mich übersah, nicht überrollt. Und dann würde ich nicht noch heute unter diesen elendigen Hüftproblemen leiden. Warum zum Teufel war mir eingefallen, noch schnell Blumen als Gastgeschenk besorgen zu wollen?«
Margot Käßmann, die vier Kinder aufgezogen hat, es bis zur Landesbischöfin brachte und den Brustkrebs überwunden hat, weiß ein Lied davon zu singen. Die häufigste Frage, die ihr zu ihrem Leben gestellt wird, lautet: »Warum haben Sie damals kein Taxi genommen?« Gemeint ist die Alkoholfahrt, weswegen sie aus moralischen Gründen von ihrem Amt zurücktreten musste. Eine kurze Entscheidung, vermutlich innerhalb von Sekunden gefällt, brachte eine der mächtigsten Frauen des Landes zu Fall.
Margot Käßmann antwortet auf diese Frage mittlerweile nur noch: »Das kam mir noch nie in den Sinn!« Was soll sie auch antworten? Vermutlich war es ihr erster Gedanke, nachdem die Polizei sie stoppte. Und dann kommen Zeit-

genossen und unterstellen, dass wir alle immer komplett bei Verstand wären, und bloß nicht an die richtigere Entscheidung gedacht hätten.

Fall Sie beim genauen Durchforsten Ihrer Biographie tatsächlich nicht auf eine solche saudumme Fehlentscheidung stoßen, seien Sie guten Mutes – rein statistisch gesehen, steht Ihnen noch genügend Lebenszeit bevor, um in dieser Hinsicht richtig in die Vollen zu langen. Die »fernere Lebenserwartung« für Frauen liegt heute bei rund 86 Jahren.

Special:
Plötzlich Bestsellerautorin

Während ich an diesem Buch hier schrieb, erfüllte sich mein Lebenstraum – und beleuchtete das Thema »Glücklich werden ab 40« noch einmal ganz neu. Ich wurde mit dem Vorgänger dieses Titels, also mit »Ich hatte mich jünger in Erinnerung – Lesebotox für die Frau ab 40« plötzlich zur *Spiegel*-Bestsellerautorin Nummer eins. Und so fühlte sich das dann an:

An jenem Maitag scheint die Sonne, die Vögel zwitschern frühlingshaft, und der Föhn gibt den Blick auf die Alpen frei. Ich war einkaufen und gehe in mein Arbeitszimmer, um die geschäftlichen E-Mails, die in meiner Abwesenheit eingetrudelt sind, zu überfliegen. Ui, der Verleger höchstpersönlich hat mir geschrieben. Diese Mail muss ich sofort öffnen. Lustige Eingangszeilen, danach irgendwo weiter unten das Cover meines neuen, narrativen Sachbuchs »Ich hatte mich jünger in Erinnerung« und in roter Schrift »Platz 1«. Wie, Platz eins? Was meint er? Was hat meine tragikomische Bestandsaufnahme zum Älterwerden mit einer Eins zu tun? Ich setze mich und beginne noch einmal zu lesen. Aber die Buchstaben stehen da nicht wie immer geordnet, um Wörter und sinnvolle Sätze zu ergeben. Nein, sie hüpfen auf meinem Bildschirm herum, und ich verstehe den Gehalt nicht, obwohl ich mich zur äußersten Konzentration zwinge. Dabei bin ich doch seit fast 50 Jahren des Lesens mächtig. Ich bin sogar Schriftstellerin, also eine, die

mit Buchstaben ihr Geld verdient. Es ist doch nicht möglich, von einer Stunde auf die andere die Lesefähigkeit zu verlieren!
Doch da steht tatsächlich in roter Schrift: »Platz 1«.
Ich blicke auf, über meinen Balkon, auf dem ein Amselmännchen lautstark zwitschernd ein Weibchen anlocken will, zu den Alpen. Die Berge stehen da wie immer. Nur die Buchstaben direkt vor mir tanzen. Platz eins. Er hat mir offenbar gratuliert, der Verleger, zum Platz eins der *Spiegel*-Bestsellerliste. So muss das wohl sein. Eine andere logische Erklärung dafür gibt es nicht, es sei denn, mein Hirn hat es nicht mehr so mit dem Verstand. Ich sollte die Jacke ausziehen und den Einkauf einräumen. Es ist Frühling, Lebensmittel verderben bei der Wärme schnell. Doch an der Küchenisel stehe ich plötzlich verloren herum. Was wollte ich hier noch mal? Warum kam ich hierher? Mensch, reiß dich zusammen! Pack die verderblichen Lebensmittel in den Kühlschrank! Es ist ein ganz normaler Tag, Alltag. Ich bin doch keine dieser Zicken, die bei geringsten Kleinigkeiten hysterisch austicken. Ich werde jetzt den Einkauf verstauen, dann diese E-Mail noch mal lesen und danach arbeiten.
»Was ist denn mit dir los? Ist was passiert?« Mein Sohn Lukas steht vor mir und sieht mich besorgt an. Ich bemerke, dass die Einkaufstaschen immer noch gefüllt sind.
»Komm mit!«, bitte ich ihn. »Lies eine Mail und sag mir, dass das wahr ist!«
Der 16-Jährige folgt mir ins Arbeitszimmer und hat offenbar keine Schwierigkeiten mit tanzenden Buchstaben. »Nice! Das feier ich richtig!« Er lacht. »Dann geh ich schon mal los, eine Ray-Ban-Sonnenbrille kaufen.«
Stimmt, ich hatte ihm versprochen, dass er diese sündhaft teure Brille für 300 Euro kriegt, wenn ich eines Tages mal

einen Nummer-eins-Bestseller schreibe. Gedankenlos damals dahingesagt, denn wer kommt schon auf diesen Platz? Damals hätte ich ihm auch einen Porsche versprochen – gut, dass es nur die Sonnenbrille war. Nummer-eins-Bestseller schreiben irgendwelche anderen Leute, Götter wie Michel Houellebecq oder Unsympathen wie Precht, aber doch nicht ich!
Was soll ich denn jetzt machen? Ich fühle mich wie damals, als meine Tante Loni starb, meine Eltern gerade in Urlaub waren, und ich tausend Entscheidungen alleine treffen musste. Wem muss ich jetzt Bescheid geben? Kauft man in so einem Fall einen Kranz – und wenn ja, wo und welchen? Es rattert in meinem Hirn. Reiß dich zusammen! Ich muss meinen Agenten informieren, Freunde, Bekannte, Weggefährten, meine Familie – alle Leute, die mich immer gestützt haben, über 23 Jahre, seitdem ich diesen Weg des professionellen Schreibens eingeschlagen hatte und vom Bücherschreiben mehr oder weniger gut lebte.
Was hab ich nicht alles erklärt: Erfolg hat nur, wer durchhält! Mir doch egal, wenn in Deutschland jeder in den Verruf der künstlerischen Prostitution gerät, wenn er einen Bestseller haben will! Es ist wie beim Sport – auch mit dem größten Talent wirst du nur ganz nach oben kommen, wenn du hart trainierst. Und das heißt schreiben, schreiben, schreiben. Das heißt Verletzungspausen einlegen, Niederlagen einstecken, stets knapp bei Kasse sein, immer wieder neu beginnen, durchhalten, über die Schmerzgrenze hinaus kämpfen – gegen die Selbstzweifel, gegen die internationale Konkurrenz, gegen meinen täglichen Vorwurf: »Warum hab ich nicht auf meine Mutter gehört und bin Bankkauffrau geworden?«
Ich starre auf die Mail, das Amselmännchen zwitschert wieder laut, und die Berge stehen immer noch dort, wo sie

schon immer standen. Der Einkauf ist verstaut, die Benachrichtigungen können warten, sie verderben nicht wie Lebensmittel. Ich weiß nicht, wohin mit mir. Seit 23 Jahren träume ich davon, und doch hätte ich eher damit gerechnet, dass mein Sohn freiwillig für die Schule lernt, Merkel Miss Germany wird oder mir der Papst einen Heiratsantrag macht, als auf Platz eins dieser Liste zu stehen.
Ich klappe den Laptop zu, begebe mich ins Bett, ziehe die Decke über meinen Kopf und hoffe, dass sich alles zum Guten wendet. Immer schon, wenn es arg kam, habe ich mich ins Bett gelegt, die Decke über den Kopf gezogen und gehofft, dass alles einmal gut wird, dann vielleicht, wenn ich einen richtigen Bestseller schreibe und sich dieses ganze Existenzrisiko lohnte. Aber nein, es kann ja nicht mehr alles gut werden – es ist ja schon alles gut! Himmel, hilf! Du bist am Ziel deiner Träume! Deine Luxusprobleme hätte ich gerne! Unter der Bettdecke tanzen nun auch die Sätze aufgeregt in meinem Kopf. Dreißig Drehbücher, fünf Romane und vier Sachbücher mitsamt ihren Figuren springen wild in meinem Hirn herum.
Jemand zupft an meiner Bettdecke. Es ist Alex.
»Alles okay?«, fragt er zärtlich. Ich hebe den Kopf und schüttle ihn vehement, ehe ich in Tränen ausbreche und dazu den Daumen hebe.
»Wie?« Mein Mann versteht »Double-Bind« offenbar nicht. »Was ist denn los?«
Ich erkläre ihm schluchzend, dass ich vermutlich auf Platz eins der *Spiegel*-Bestsellerliste stehe, vermutlich, das heißt eigentlich sicher, aber ...
Alex umarmt mich und lächelt: »Das ist der Unterschied zwischen ›happy‹ und ›lucky‹, wie ihn die Engländer machen. ›Happy‹ ist tief empfundenes Lebensglück. ›Lucky‹ nur ein Zufall wie ein Lottogewinn. Und du bist jetzt eben

›happy‹. Da dauert es halt ein wenig, bis man das begreift.«
Auch diese Sätze verstehe ich nicht wirklich, aber sie trösten.
Erst als Lukas ein paar Tage später mit der Sonnenbrille vor mir steht, feiern gehen will und bockig erklärt, er hätte nichts für die Schule zu tun, kann ich laut lachen und mich freuen. Wenigstens auf die Jugend ist noch Verlass!

Quellennachweise

Seite 53, Ernst Jandl: der tagesplan, in: Ernst Jandl: Der gelbe Hund, Luchterhand Verlag, Darmstadt und Neuwied 1980, S. 42

Seite 95, Epikur: Philosophie der Freude, Insel Verlag, Frankfurt am Main, 1988, »Brief an Menoikeus«, Seite 53 ff.

S. 114 zitiert nach Joseph Maria von Radowitz: Die Devisen und Motto des späteren Mittelalters: Ein Beitrag zur Spruchpoesie, Cotta'sche Verlagsbuchhandlung, Stuttgart und Tübingen 1850, S. 86

Monika Bittl
Silke Neumayer

Ich hatte mich jünger in Erinnerung

Lesebotox für die Frau ab 40

Morgens im Bad schaut uns aus dem Spiegel eine Frau an, die wir irgendwie jünger in Erinnerung hatten. Mittags huschen wir zum Optiker, um eine Lesebrille zu erstehen – die wir nur von unseren Omas kannten. Und abends im Biergarten ist plötzlich irgendetwas anders: Für die jüngeren Männer scheinen wir unsichtbar geworden zu sein.
Älter werden ist scheußlich und wunderbar zugleich. Es kommt nur auf die Perspektive an! Man kann es tragisch sehen oder komisch. Monika Bittl und Silke Neumayer haben sich für den Humor entschieden und bekämpfen die kleinen Einbrüche mit den besten Waffen der Frauen: der Selbstironie und dem Lachen über sich selbst.